哈克“亲近自我”四

做自己，还是做罐头？

勇敢挺自己的第一堂课

黄士钧（哈克） 著

北京师范大学出版集团
BEIJING NORMAL UNIVERSITY PUBLISHING GROUP
北京师范大学出版社

推荐序

活出自己的指南书

叙事治疗取向讲师、心理咨询师　黄锦敦

从哈克邀请我为这本书写序文开始，将近一整个月的时间，此书和我形影不离，我一有空，就拿出来细细阅读。好几次读着读着，就不自主地放下书本，抬起头，想着："如果年轻的时候，我也可以读到这样的一本书……"

十八九岁的我，视野方长，眼光总想望向很远的地方，好奇自己生命能有多大的可能？同时，眼光也总想往内窥探，想和自己有更多联结。对那个年纪的我来说，更难的是："要如何才能把最里面真实的自己，和外面大大的世界连在一起？"也就是如何才能在现实的世界里，走出自己的一条路来？那时的我常孤单又迷惑，一不小心就掉进了自我怀疑的漆黑空间里。如果当时可以读到这样的一本书，这条路走来，我想就会有许多的不同。因此，我在书稿空白处写着："真好，有这样的一本书，或许就可以让许多年轻人，在成为自己的道路上，少一些孤单，多一些力量。"所以，这是一本非常适合年轻人在生涯发展的路途上，用来活出自己的指南书。

但这样的想法，在一次台东旅行后有了改变。招待我的主人是一位六十岁的退休老师，我们熟识多年，在和她聊到在正为此书写序时，我告诉她："这里面写了许多想跟年轻人说的话，很好看。"接着就顺道把书稿借她阅读。她在深夜里读着读着，隔天早上用发亮的眼神对我说："这本书，不只可以给年轻人看，连我都深刻地被触动内心的好多事。"我点点头，这本书确实不只适合给年轻人，我想这会是一本非常适合给想要好好活出这一辈子的人阅读，无论老少。

什么叫作"好好活出这一辈子"？用作者的语言就是活得真实又美好。真实，就是要和自己有很好的联结，也就是做自己；美好，则是以真实的自己为底，并与外在的世界有机地互动，让自己活得自由又精彩。真实又美好的生活样貌非常吸引人，问题是路径何在？作者透过平易近人的语言，将深厚难懂的心理治疗理论，一一转化为可以落实在生活中的方法，指出一条条的路。更令人激赏的是，他不是把所学到理论译写为简易的语言而已，每一个概念与方法，都是他几十年的生命里，一个一个地尝试，一次一次地创造与练习，感受到力量，品尝到滋味，才一一拣选书写。就如同神农尝百草一般，每一篇都是真真实实，从经验里提炼而来。所以此书一路阅读下来，大家读到的绝非只是理论与方法而已，而是有着许多深刻的生命感跳跃其中。这也就是为什么我会说，这是一本用着扎扎实实的生命，所写下的书。

我和哈克是非常亲近的好友，我们常一起合作带领工作坊，一整天在大自然里走路、说话。这几年来和他互动时，总有个时刻让我很感动，那就是我不时会听见他说："这几年最想学的事情之一，就是能对别人有更多的善意。善意，那不是我原本就会的事。"在我的眼里，他很能爱人，能深刻又真诚地爱人，这是他一直做得很好的事。但善意，指得是在关系上没有太多基础，甚至是不认识的人们，想要对他们撑开更大的空间，传递出爱。这是他生命这个阶段，想要长出来的样貌。

这几年，我看见哈克的善意，真是越来越多了。我常听着他说："我们可以为这里留下些什么?”在这个人人都说大环境不好的年代里，哈克似乎想要挺起身子，为这块土地做些什么，期待让这里有机会更好。

这次，我看见哈克用着经年累月的专业与愿意，伏案书写。此本书的出版，我仿佛也见着他，送给了许多人，一份大大的善意。

一本用生命疗愈生命的好书

知名心理咨询师　林祺堂

那天，一群人好不容易凑在一起，在著名的小笼包店分享美食，也滋润着友谊。因着惯性，忘记要先吃原味的提醒，我不自觉地把丝瓜小笼包沾了酱油。惊叹之余，我们几个有心理师执照的食客，从食物的原味联结到人的原味，再延伸到人该有如何的“真名”——真真实实地活出自己的样貌。

要怎么描述哈克的“原味”呢？

哈克真实、深情，又本地化，用发语词频率极高，而且很有治疗效果。他的“真”，可以召唤出另一个人的“真”。很多治疗师很会照顾人，却不太会照顾自己，但他却是我少见的天才型治疗师，很会照顾个案，更会示范如何好好照顾自己。心理治疗界常说：“我们给不出去我们没有的东西。”哈克的生命经验可说是最棒的见证。

哈克有着我很欣赏的“自在”特异功能——把“主流社会里不太接受的事项”，用人性的自然角度加以解构，让人们可以活出自自然然的样子，而不是一个又一个罐头。他对人所受的苦，有着极端的敏锐；他用力呼吸与对方的灵魂共振，并把苦解构重组、转化与升华。他擅用贴心的精准语言、细腻文字，神妙的隐喻画面，与内心共舞的歌曲，在磅礴的语气中钻进一个人的心窝，让人感受到真心滚烫而直接的爱。在这份爱的滋养下，打通壅塞已久的情感流域，让人瞬间与断裂的深层内在重新接触与联结，引发内外在整合的内爆，喷发被深刻懂得的泪水。

这本书是哈克这些年来用心实践治疗且活出自己的深刻反思，书中记录着哈克真实活着的生命样态，有挫折、有困顿，也有着矛盾；而这些是如何淬炼成对自己与对他人的敏锐与直觉？哈克不藏私地全都吐露。这些智慧语录在一般治疗的教科书中找不到，却是非常重要的部分。从人到治疗师，有成长、有蜕变，哈克更说明了人与治疗师如何共存整合，发挥从生命影响生命的疗愈能力。

很想成长又不想太慌乱的人，可以好好读这本书，找到安顿自己精彩生命的好方法；很想健健康康地当一个助人工作者的朋友，也可以在阅读里，偷偷地学会哈克爱自己又能充沛地爱人的绝招！

自序

为年轻慌乱的心堆上营火

父亲帮我取了黄士钧这个名字，期许我成为读书人敬重的人；出国留学时，我帮自己取了英文名 Huck（哈克），哈克是《汤姆历险记》里那个在草原上奔跑的男孩，我想让自己活出自由奔放的生命。这两个部分的我，都慢慢成形着。

二十几岁的时候，大学同学都说我很忧郁；三十几岁的时候，我在咨询专业里把握每个机缘往前再奋力走一步；走到四十三岁，好朋友们都说我，情很深、爱很热、心很宽。

只是不知道有没有人知道，情很深、爱很热，这样敏感多情的人，在年轻慌乱的时候，是一不小心就会无助忧郁、不知如何抵挡生命的波涛狂潮……

依稀记得中学时，我听张艾嘉的歌，听罗大佑的歌，青春年少好多不知名的情绪，都在歌手的声音旋律歌词里，被说了出来。高一下学期的最后一天，我在教室的黑板写满了罗大佑的那首《未来的主人翁》的歌词："……飘来飘去！就这么飘来飘去……"没有着力点，没有支撑点，没有自己，只有歌声伴着那个我。那时候的我，常常想着，还好有罗大佑的歌陪我，不然，我的慌乱会更无法承受。而今，我写了这本书，把多年来在心理咨询上学到许多滋养、支撑生命的好东西，像是：接纳、展现不同面向自己的并存方法；让自信扎根、开花的句型练习；为自己做决定、让自己充满行动力的几个好用法宝，以及如何联结上自己内在最大的宝藏——潜意识的操作方法……都毫不保留地在书中分享，期待有机会，陪伴一些慌乱着又努力要长大、长成自己的孩子，有了“在冷风吹袭时，知道有人为自己堆上营火”的一丝丝温暖。这是我的一份心愿，也是握拳庆贺自己终于走到这里，可以为这个世界真的做一点点什么。

自从 2008 年以来，我陆续创作出“生涯规划系列卡片”与“梦境智能探寻卡”，因为助人专业工作者对这几套卡片媒材的学习动机非常高，让我有机会在各地带领研习卡片媒材工作坊，遇见各地的高中辅导老师、咨询师、社工、医护人员、服务志工等。对我来说，创作这些卡片媒材，是让我们得以听见生命故事的清晰入口；而听见故事之后，能陪伴人、帮助人背后的哲学观与心法，我都写在这本书里了。这本书里有几个咨询个案的故事，当事人不只同意我书写，还都好开心自己的故事被写了出来呢！

目 录 /

1 第一部分

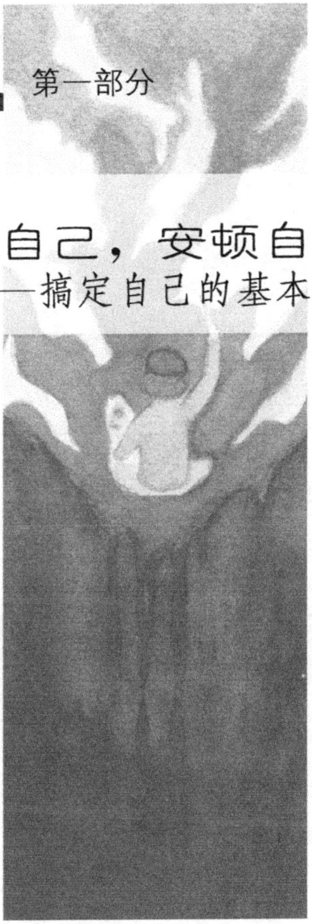

爱自己，安顿自己
——搞定自己的基本功

/ 你是否丢失了部分的自己？/

心理学家荣格说："与其成为一个好人，不如活出一个完整的人。"在生活里，如果持续练习并存的内在对话句型，很有机会一步一步走向完整。

生活里，我们总会遇到慌乱、碰到孤单。慌乱孤单的时候，我们常常会习惯性地把其中一部分的自己压抑下去，于是不知不觉中，我们就把自己内在真实的一部分给丢掉了。

我在大学教书、咨询辅导十几年，看着身旁一个个年轻的生命，为了满足父母期待准备公职考试。他们努力地准备三年、五年，全心全力想要当公务员，让爸妈可以开心，可以放心。于是稳定安全的需求照顾到了，父母的期许压力照顾到了，心里却有一块被忽略了。有些年轻的孩子心里本来想着："我在社团里发现，我很喜欢活动企划耶！""芳香疗法的身体工作，是我好想继续钻研的领域……"这些"本来想着"的种种，因为一个又一个的“不得不”，被放在一旁。放久了，就被丢掉了。因为把自己的某些部分给丢掉了，不知不觉中在心里为自己留下了“被忽略的自己”。

十几二十岁的学生，常来找我求救的事情是：被好朋友疏远、被同学排挤。被疏远、被排挤的时候，孩子常常会急着去讨好、去挽回，于是心里头就压下了真实存在的情绪，像是生气（“你们为什么突然这样对我？”）、内疚（“会不会是我做错了什么？”）、伤心（“我都已经这么尽力了……”）。这些真实的内在部分，一旦被压下来，丢在一旁，时间久了，就被遗忘了。之后，必然偷偷地在生命的下一个时刻，以莫名其妙的情绪，突然跑出来让人不知所措。

那怎么办呢？

若不能去实现自己的兴趣与梦想，想它有什么用？

被排挤却不能生气大爆发，触及自己的生气不是得不偿失吗？

是的。的确不能只是想而已，也不能只是沉浸在情绪里。可以做的是：不要推开心里头这些真实的部分，要学会更爱自己的新行为，练习“并存”。并存，是我学习的前辈——吉利根博士（Dr. Stephen Gilligan）的核心概念之一。在专业助人工作十几年的岁月里，我发现：**让看似冲突的内在部分可以同**

时存在（并存），是照顾自己，也是对别人好的方法。

让两个不同的自己并存

最近这几年，我在各地常有心理咨询的专业训练工作坊。在这些公开的演讲场合里，生性害羞怕生的我，即使每年要讲三四十次相同的主题，每次开场面对一群不熟悉、不认识的听众时，我还是会紧张。如果我硬是压下紧张的部分，假装镇定，那我就和我自己断裂了，也就是说，我又创造了一个被忽略的自己。所以，我常常是这样开场的：

> “大家好，我是哈克。在场的很多人，我是第一次见到。我是个会害羞紧张的人，即使已经带过六百场的工作坊，每次遇见新的眼睛，都还是会紧张。同时，经验告诉我，如果你们看着我的眼光越来越温和，大约十分钟之后，我就会越来越自在，而我讲的内容会越来越精彩。”（这时听众常常就笑了！因为他们听见了讲者真实的内在。当人有机会遇见真实，常常就会会心一笑。）

这样的开场白，其实就是“并存”在真实生活里的实际操练。我心里有两个端点的声音，一个是因为陌生而来的紧张，另一个是专业磨炼的自信。于是，当我承认自己的怕生紧张之后，这两个部分就一起好好并存了。没有谁压过谁，没有哪一个被忽略。这段心里的内在对话是这样的：

“是的，我是紧张的。”

“是的，同时我知道怎么好好地带一场工作坊，我是专业的训练师。”

“是的，这两个都是我。我会紧张，我也能带工作坊，这两个都是我。”

“是的，这两个都是我，而我比这两个还要多更多。”

让我们来拆解上面的内在对话句型：

第一个“是的”：“是的，我是紧张的。”这句话一落，原本漂浮、不被接纳的紧张，就落地了。漂浮的情绪一旦落地，就不再乱干扰我们了。

第二个“是的”：“是的，同时我知道怎么好好地带一场工作坊，我是专业的训练师。”这句话一出现，安稳自信就跟着上来了。当我们不承认自己紧张而假装镇定的时候，紧张因为被排除在外，会像迷雾一样包裹在外，让自信与力量无法清晰着地。

第三个“是的”：“是的，这两个都是我。我会紧张，我也能带工作坊，这两个都是我。”这是关键的内在整合句型，让原本在两端分裂的部分，可以并存在一起。像是手牵手，像是一起安静地坐在公园的椅子上，不再断裂分割。因为没有哪个部分被忽略，所以内在就不用花力气去压制、去管控，因而多出好能量来帮助我们面对挑战。

第四个“是的”：“是的，这两个都是我，而我比这两个还要多更多。”这一句让人能够看见生命的全景。我们不等于困境、我们不等于挣扎，生命还有更多的美好与资源，等着在需要的时候联结上。因为看见我比这两个还要多更多，心里原本就有却没被使用的资源或力量，便有机会跑出来帮忙。

走向完整

当我们跟孩子说：“不要紧张”“不要怕”“不要担心”“不要挫折，要继续努力”，我们就不小心成了帮凶，让孩子把自己的一部分给压抑下去，于是那些真实的情绪或想法（像是紧张焦虑、不安不确定、挫折失落），就成了孩子心里“被忽略的自己”。

不说这些我们习以为常的惯用安抚句型：“不要紧张”“不要担心”，那要说什么呢？我们回过头来看看一开始说的那两个例子：

> 那个因为考公职而忽略自己梦想的孩子，可以跟自己说：“是的，我为了爸妈努力考公职；是的，同时我没忘记自己的梦想，说不定考上公职以后，我可以白天当公务员，下班后继续钻研芳香疗法；是的，这两个都是我，而

我比这两个还多更多。”

那个因为被同学排挤而难受的孩子，可以有这样的内在对话：“是的，我急着想讨好、挽回；是的，同时我也伤心、生气；是的，想讨好、挽回的是我，伤心、生气的也是我，这两个都是我，而我比这两个还多更多。”

虽然外在的挑战依然存在，挣扎依然辛苦。但同时，我们的心却没有分裂，能够继续完整。心理学家荣格说：“与其成为一个好人，不如活出一个完整的人。”在生活里，如果持续练习并存的内在对话，很有机会一步一步走向完整。

/ 做自己，还是做罐头？ /

美丽，常常来自冒险。虽然你我都知道那个冒险的过程，但社会不会为你背书，因而孤单很多，挫折不会少，就看你的人生想实现什么了！

常听到朋友问：

“做自己，会不会太自私？”

“我应该听从别人的意见，还是听自己的声音？”

“只听自己的，会不会太自私？”

相对于“做自己”，就是“做别人要我做的”。做别人要我做的，就是根据社会期望去做应该做的，我给这样的行为取了个夸张的代名词，叫作“做罐头”。因为罐头是工厂生产线大量制造的产品，每个罐头产品几乎一样，也都安全地成为社会需要的东西。

其实，当一个人问“做自己，会不会太自私？”时，心里通常有两个声音在交战：一个是做自己，一个是觉得自己似乎应该听从社会、父母、同事的期许（也就是乖乖地做罐头）。这两个声音的交战，才会让“做自己，会不会太自私”的困境浮现，所以，这时要先能跳脱“做自己好，还是做罐头好？”的两难式问句。

怎么跳脱？我常常把这样的两难式问句，换成比例式问句：“我要做多少自己？做多少的罐头呢？”

做罐头，符合了社会的期待，于是成了稳定社会的力量；做自己，同步了内在的流动力量，活出了生命的美丽，也为世界增添色彩。所以，做罐头很好，做自己也很好。这个概念与家族治疗师萨提亚（Virginia Satir）所说的：“我是 OK 的，你也是 OK 的。”（I'm OK，You're OK.）有相互辉映之处。

一部分的我乖乖做罐头

高中毕业后，我跟随社会的期待，考上电机系，当了一个小罐头。因为当时电机系很红，大家知道我考上电机系，都很为我高兴！可是，我不适合电机系，因为我柔软、因为我敏感、因为我情感丰富（不知道为什么，我就长成这样!）。所以，在大三那年，我第一次偷偷地有了不当罐头的心愿，开始从心底准备自己，要走一条自己的路。

那时心里的声音实在是太大声了，所以我没有办法顾及许多人的反对，我需要听心里的声音，学习做自己。后来，从美国马里兰大学修完生涯咨询回到台湾，我选择在学校的咨询中心工作。待在大学当咨询师，这符合大家的期望；但我没去担任全职的行政咨询人员，而选择做需要在不同学校跑来跑去的流动咨询师。这样可以累积足够的咨询治疗实战经验，可以磨炼自己的咨询辅导功力，这是我想要做的自己。

拿到博士学位后，我乖乖地去当助理教授，这是符合社会期望当罐头；同时（注意喔，关键就在这个“同时”），我不像其他咨询博士选择去咨询系、社工系当助理教授，我选择可以做自己又可以健康快乐的休闲保健学系。所以，一部分的我做自己，一部分的我逐渐甘愿地去教书，当罐头。

为什么要当罐头？因为罐头有其存在的必要，这个社会是设计给罐头来活的，所以，当罐头可以省掉很多很多对抗社会期望的压力。省掉这些抵抗的力气，我可以用来好好地“做自己”，于是我开始有空间和力气，可以静静扎实地写文章，来实现当作家的梦想。

写到这里，想起了 2001 年当我考虑离开学院的专职讲师职位时，好多人都跟我说：“不要那么冲动，多考虑一下比较好。”“现在外面景气很不好，还是留下来比较安稳啦！”有趣的是，在成长过程里，长辈口中的景气好像从来没有好过。

其实，重点不是外面的景气好或不好，而是对大部分符合社会期待的人来说，“稳定与安全”是第一优先。所以，冒险不被鼓励；追求自己的梦想，也常常被警告。因为那些符合社会期待而活的朋友，心里也有蠢蠢欲动的梦想，如果他们鼓励我冒险，那他们如何面对不敢去实现梦想的自己？所以，那些警告的话，其实是他们在对自己说的，是要阻挡他们自己的；而我，可以拥有自己的声音，拥有自己的选择。

最后我选择离开那个稳定的专职讲师位置，走向冒险的路途。十几年之后，我幸运地开发出自己的咨询专业，有了隐喻治疗、潜意识治疗专业训练的一片天空，后来，更因缘际会地开发出一系列实用又有趣的生涯规划系列卡片。

美丽，常常来自于冒险。虽然你我都知道，那个冒险的过程，社会不会为你背书，因而孤单很多，挫折不会少，就看你的人生想实现什么了！

我，喜欢冒险多一些，这就是我。

所以，当心里的声音很大的时候，做自己会很美；当心里的声音普通的时候，做一点罐头，做一点自己，挺好；当心里的声音跟社会期待一样的时候，那就享受做罐头的轻松吧（专职工作的薪水，真的是一个家很好的经济基础）！

让生命不留遗憾，更有完整感

回过头来看“做自己，会不会太自私？”做自己，意思是听从心里的声音、实现自己的心愿、长成自己希望的样貌。这已经不是自不自私的问题了，想办法做自己，活出自己希望的样子，是你生命的责任。做自己的路上，常常会孤单，而且要为自己的选择负责，同时，因为尝试了，会减少遗憾，于是生命得以更有完整感。

做罐头轻松很多，因为罐头的世界可以少掉很多麻烦，也不必跟旁边的罐头解释太多（因为我们都是罐头，就不用解释啦）。做自己一点都不无聊，但是非常非常麻烦，因为旁边的罐头会皱着眉头一直问："你为什么要这样？为什么不跟大家一样就好了？"有意思的是，听说需要解释的东西，才有珍贵与独特之处。

写到这里，想起了十七岁那年读中学时，写在台灯上的座右铭"路，会弯；但路，会是美的。"

/ 看见平凡渺小，也追求独特美丽 /

独特与美丽，是要被发现的。发现差异，看见自己，经营自己，独特就可能浮现，美丽就有绽放的可能。接纳渺小与平凡，会活得轻松一些；拥有独特，绽放美丽，就会活得精彩！

从小，我爸爸常跟我说："人生，平凡就好。"爸爸几十年来，都会在早晨五点左右，天还没亮的时候，对着天地行礼，深深地鞠躬。

对天地行礼，是敬天；敬天，是因为知道渺小。这样看待自己生命的态度，我从小就有。妈妈强调认真，会督促我读书，要我一次一次挑战很难的数学题目；爸爸强调身心健康，常提醒我要运动，在楼梯口听到我大声唱歌或哈哈笑，爸爸会毫无保留地称赞我。所以，这两样我都学了起来，在自认重要的事情上，我能进入一种非常专注的学习状态；在人生的追求上，我可以很安然地处于平凡。

常常，我在台中市区骑车去往习惯书写的茶馆路上，经台中路往北走、右转建成路前，总要等红绿灯。坐在摩托车上等红绿灯时，我觉得自己很渺小，一堆人车在红灯下，等着灯信号的变化，没有人认识我，没有人喜欢我或讨厌我，很真实的渺小。

演讲前会紧张的我，很平凡；买股票判断错误时会懊恼的我，很平凡；看到辣妹美女会驻足的我，真是平凡的男人呀！连续好几年，台中火车站旁的购物中心周年庆时，我总会拿联名卡去换来店礼（有一年还领到不知道怎么用的遮瑕霜），跟一群欧巴桑排队领来店礼时，我觉得自己很平凡，那是一种趣味性的平凡。

人生，因为知道自己平凡，所以可以安在。因为平凡是事实啊！接受了自己的平凡，就能够站在真实的位置上；接受了平凡，有了真实的位置，于是可以开始追求独特，甚至创造美丽。

不必超越，只需看见差异

追求独特，常常从看见差异、看见不同开始；看见差异与不同，最简单的方法就是从身边的好朋友或竞争对手着手。十几年前，我认识了新竹一位天分极高的心理治疗师前辈，即使后来我们变成了很好的朋友，但有很长一段时间我都活在她的阴影下。像是家里有个厉害的姐姐，当弟弟的我，怎么样都很难超越！

让自己困住的，其实是“超越”这两个字。独特，看见的是差异与不同，而不是超越。

这位比我年长四五岁，充满灵性的治疗师前辈，拥有柔柔细细、穿透的声音。记得我二十八岁那年，听她说“春天，真的不是用等待的……”那绵绵的声音，穿透入心，现场完全进入故事里的我，被感动得稀里哗啦。我清楚地知道，即使到现在那仍然是我无法超越的。

三十四岁那年，我已经带了工作坊好多年，想说自己的功力应该够强了，于是邀请这位前辈来“隐喻工作坊”当客座讲师，她现场说了一个好炫、好好听的故事，我听着听着，一方面赞叹故事的精彩，一方面不禁怀疑起自己的故事真的够好吗？好多的自我怀疑一下子涌了出来。在一群长期参加我的工作坊的学员面前，我真的是不知如何是好，仓皇之中，我只能挤出一句话：“我们先下课休息好了。”等大伙都到团体室外头，我跟她说了我的慌乱。充满爱的她起了头，我们一同接力完成了下面的故事。

> 草原上有一个好喜欢奔跑的小男孩，小男孩穿着短裤、打着赤脚，跑遍了整个草原。小男孩最羡慕的是一位穿着长裙的小姐姐，每当风来的时候，小姐姐那有边疆风味的长长裙子会随风起舞。小男孩看看自己裸露的双脚，好羡慕，好羡慕小姐姐的长裙，好希望自己也有那样炫丽

的东西……其实啊，小男孩的脚，厚实地踩在土地上，真真切切地和每一根草的纹路接触着，扎扎实实地踏着每一个奔跑的步伐……小姐姐有长裙，但是小男孩有接近土地的一双脚。”

长裙与裸露的双脚，就是差异。看见差异，就有了独特的可能。

我们缘分很深，三十六岁那年，我又有机会和这位前辈同台带领一群受害者家属做自我照顾的工作。在场子里，她平易近人地说话，顺畅地做治疗。有一场进行到中途，被帮助的家属哭得很深，她移动视线朝我看来，说：“哈克，来一段力量的冥想吧！”现场一点迟疑都没有的我，拿起麦克风，配着音乐即席创作，说了一段关于力量的冥想。那充满太阳的男性能量，在声音出来的刹那，像阳光洒进阴暗的屋子般，带来温暖与力量，这是独特的我。就这样，我从看见自己与前辈的不同后，找到了我的独特，也创造了与柔柔的月光很不一样的美丽太阳。

平凡渺小，是事实，也等待被接纳。你我都知道，我们都平凡，也都渺小。

独特与美丽，是要被发现的。发现差异，看见自己，经营自己，独特就可能浮现，美丽就有绽放的可能。接纳渺小与平凡，会活得轻松一些；拥有独特，绽放美丽，就会活得精彩！

/ 信任自己正在经历的 /

能信任自己正在经历的，才真的把真实的部分当作自己内在的一部分。因为把这部分放进来了，它就不会像没家似的在外面徘徊，于是完整的心才有机会好好存在。

人本治疗学派创始人卡尔·罗杰斯（Carl Rogers）在他的著作里提过一位叫艾伦（Ellen West）的女子，年轻的生命却有好多严重的心理症状。有意思的是，罗杰斯并没有从精神病理学的角度看她，他从“trust my experiencing”的角度来看这些症状的根源。

“trust my experiencing”直译成中文是：“信任我正在经历的”。

艾伦的症状始于：她爱上一位外国男子，两人订了婚，但是父亲反对。她后来决定听父亲的话，解除婚约，之后无法承受的精神症状即蜂拥而至。

她未能“信任自己正在经历的”，为了顺从父亲，否定了自己真实的爱的经验。艾伦因而对自己的经历失去了信任与联结，无法接触到自己深层的感受、渴望与需求，进而失去了对生命的热情。联结和信任没有了，真实的经历被否定了，于是只好生病。

做了十六年的咨询辅导，累积了上千次的面谈实战体验后，罗杰斯这个看似简单的概念震撼了我。我在书的空白处写着：“原来信任我正在经历的，是如此重要！要相信我正在经历的，才能好好地活着啊！”我发现自己在做个案咨询时，其实已不知不觉地依循着罗杰斯这样的概念协助着个案。

听见自己的真实，如实承接

三十二岁的小琪和我个案面谈了两年多，前阵子，她开始有了一些好变化。小琪从刚开始对自己有很多的怀疑、常不自主地流泪难过，转变成多了一些自信与对自己的喜欢。她很好奇自己的好变化是怎么来的，于是问我：“哈克，我问你喔，你怎么能只透过谈话的方式，就让我从底层的根部，慢慢一点一滴地变化了？你教我的方法，其实是很生活化、很一般平常的方法啊。”

我笑着回答：“我的确没用什么花哨的方法，但我从来没忽略你任何真实的情绪。你不安，我听见；你害怕，我了解；

你微笑，我看见。我听见你的真实，如实地承接；于是你也听见了自己的真实，承接着自己。你逐渐一步一步地信任着自己的经历，于是健康就跟着来了。我用的是心法不是技巧，这是最不花哨的方法了。”

小琪接着说：“原来是这样的方式啊。我从你身上学到了如何真实，如何把一个一个部分的自己认出来，接进来，然后底层就变化了。好神奇哟！这几个月来，我觉得自己跟以前最大的不一样，就是改变了看事情的角度和位置。我以前一直看着过去，现在慢慢地可以转身背对过去，试着专心地看着当下。此外，我慢慢会跟着心的感觉走，而不是头脑；会做自己想做的、对自己好的事。现在的我，真的比以前更真实了。”

在协助受困的人开展自己生命的过程里，我发现：“真实地听着，然后说‘是的’，真的发现是这样。”不假装人生的苦难可以神奇地跨越，不希冀人生的挣扎可以用魔法“咻”的一声抹去；于是当个案自责的时候，我不去告诉个案，这不是你的错；我看着个案的眼睛，深呼吸之后，说：“我看见了你很深的自责，你真的觉得自己当时……”然后，陪着这个真实的自责，不假装、不粉饰。人生的开展，常常是由这样的靠近真实与拥有真实开始。

拥有真实的自己，人生才得以流动

读着罗杰斯治疗艾伦的故事，也让我想起二十年前的自己。二十一岁那年，正在读大学电机系三年级的我，经历到的是，我其实看不懂电机系的书，量子力学、电磁学、光学理论，都已经远远超过我的小脑袋可以理解的范围。即使我认真预习听课，回家拼命做习题，我依然不知道那些抽象的数学式子到底是什么意思。身边所有的人都告诉我，电机的前程似锦（这倒是事实）；身边所有的人都说服我，忍一忍，好日子很快就会来了（这倒未必）。

当时我正在经历的是，我学习电机这门学问有困难；我正在经历着的，还包括我开始发现自己对心理学有浓厚的兴趣；我发现自己很能倾听、很能表达、很有耐心。但问题来了！我要不要信任自己正在经历的我，为自己的可能发声？还是，我该听大家的话，好好念电机，然后到新竹科学园区工作，领取丰厚的收入？而今，看着罗杰斯的文字，对于那个二十一岁的我，有了新的看见：那么年轻的我，决定要放手一搏，往心理咨询的路途前进，我其实是用尽全力地站起身子，为自己“打了一场光荣战役”。

还记得大三、大四时，同学们曾形容我很忧郁。是的，如果当年不是用尽所有力，为自己打了那场光荣战役，今天我可能还是很忧郁，或者，更忧郁。因为我为自己发声、为自己打了一场仗，才能够拥有真实的我，我的人生才得以流动。今天的我，能够念到咨询辅导博士，能够带领一群年轻的咨询师学习咨询专业，正是因为二十年前的我，愿意相信自己正在经历的，为自己打了那一仗。

当我能够信任自己正在经历的，才能真的把自己真实的部分当作内在真实的一部分。因为把这个部分放进来了，它就不会像是没有家似的在外面徘徊，于是完整、健康的心，才有机会好好存在。

亲爱的朋友，你信任自己正在经历的吗？如果有一场光荣的战役要打，你的战场，在哪里？

/ 遇到困境与批评怎么办？/

发现自己被困在批评里，就可以对自己说："啊！我又在黑色墨汁大池子里了，天哪！"然后，可以转身让自己靠近有阳光照耀、有土壤滋养的园地。

从小，我们被教育要负责。

我们被要求的负责，常常是负责把别人交代的事情做好，久而久之，就会很讨厌这两个字。好像伴随"负责"二字的，多半是责备、不满意的感受。

但是，我很喜欢"自己负责"这几个字。

自己负责，我的快乐从哪里来；自己负责，我的生活有意义、有满足、有进步；自己负责，吃得健康、规律运动；自己负责，辨别身边人的种种样貌，让质地单纯善良的朋友靠近我；自己负责，保护我的创意源头，不让世俗的要求，以及会让我们偏离生命核心的赞赏、奖励侵入我的水源地。

当人们说“我应该要负责……”时，容易陷入被要求的难受里；当我们说“我想要自己负责……”时，我们容易有力量在身上。

有一回，我跟好朋友聊天，有感而发地说了一段话。我说，昨天我听到一个坏消息，是很直接针对我个人的批评。我从小就很怕被骂，一被批评，很自然就像小时候被骂一样缩了起来；一缩小，身体和内在就都瞬间冻住了。还好这些年来，我在心理治疗的大江大海里闯荡，持续地有长出点好东西来。因此，当我一发现自己缩小、发现身体僵硬无法顺畅移动时，心里就会跳出一个声音，这个声音说：“我自己负责移动我的眼睛！”意思是：批评来了，如果有我需要改进的地方，好，我改。之后，我就可以自己负责移动眼睛看向哪里了。

自己负责移到有阳光、有爱的地方

人待在被批评、被鞭打的氛围里，很难成长，因为那样的氛围充满了负向能量。在负向能量里，我们不会喜欢自己，我们的力量不会充沛。那怎么办？面对批评，如果的确有哪里要改进，那就做决定，真的去慢慢改变。重点是，接下来不要沉浸在被批评的黑色墨汁大池子里；要做的是，自己负责移动眼光。移动到哪里？移动到阳光下有肥沃土壤、有爱的地方，移动到有支持、有鼓励、有关心的所在。

于是我负起自己的责任：我打开手机，开启存档的短信，那些没被我删除的，基本上就是身边爱我的人的佳句大集合。打开的第一封，是在桃园当辅导老师、跟我很亲近的学妹传来的。想起了那天，学妹舟车劳顿来到苗栗农工，在我的“梦境探寻工作坊”里当了一整天的助教，傍晚我在回家的“自强号”上，收到学妹传来的短信：

哈克，请收下我深深的感谢和触动。今天体会到潜意识的力道，以及感受你那充满细致语言的引领，我自己也仿佛浸润在疗愈的氛围与路径里，有你在真的很好！

重看一次，感受自己存在是有价值的，再一次接收了美好的爱的能量。然后，再看下一封。为什么要看第二封？因为只有一封爱的滋润，不够抵挡黑色墨汁的指责能量。

第二封短信，是有一次在澳门工作坊后，我在人来人往的国际机场大厅随着排队的人潮移动时，收到澳门的朋友传给我的短信：

哈克，想说你会不会想要带蛋挞给你女儿吃？我在十一点前都有空，可以替你去买喔！

再看一次，还是深呼吸！深呼吸说着：“有人愿意这样关心我、挂念我，我应该不是一个太差的人吧！”然后，再看下一封。

脱下长裤做自己

很多朋友都知道，我夏天几乎只穿短裤。但是带工作坊时，不好意思一开始就穿短裤，所以我都会穿那种有拉链、可以让长裤变短裤的野外休闲裤，而且江湖上有传言说，哈克只要脱下裤管，短裤一上身，说起隐喻故事来就特别好听。有一次，我在高雄带一群咨询师与社工参加的两天隐喻与故事工作坊，第二天讲课之前的那个清早，我收到生命里换帖的好朋友从步行走上太鲁阁的山路上，传来的短信。这封我典藏了两年的短信是这么写的：

> 是的，我们都在爬山。我踩着脚步，感受着风和烈日，去理解山的律动。你呢？裤管脱了吗？许多人会因为你脱了裤管，而开始有了看山的视野。我现在饿死了，要来吃点干粮了。

这封我已经看了不下五十次的短信，再看一次，依然触动！触动的是，有朋友这么懂我，鼓励我“脱裤管做自己”。而我更清楚地知道，如此特立独行的我，不被批评，其实几乎是不可能的。同时，我也知道，如果我什么都跟别人一样，就不会被批评、被指责，我就不容易被中伤诋毁。但是，如果我什么都跟别人一样，我就没有独特之处可以展现生命的力道了。

是的，独特与坚持，真的会招来批评；同时，独特与坚持，也唤起我生命的味道。

连看三封短信之后，我“自己负责”把眼睛从负向的经历里移开，带着愿意改进的心，在爱的鼓励与支持的氛围里，用自己的双腿好好站立。

带着正向能量继续前行

“有批评才会成长”这句话我们从小不知听了多少次，这句话并没有错，只是没有讲清楚，没有讲完整。

真正懂我们又爱我们的人，如果看见我们有缺陷而提出建言，那是很美好珍贵的人生经历。只是大部分批评我们的人，不是像他们嘴巴说的那样“我是为你好”，大部分批评我们的人，都是因为他们习惯这样批评人。

那怎么办？如果批评来了，我们先辨别有没有我们可以负责的部分，有就记在心里。然后，接下来的重点是：不要活在批评的阴影里。因为批评你的人，不一定是喜欢你、关心你、爱护你的人，他们通常也不是你未来会想要成为的样子。如果让自己一直活在批评里，我们会不知不觉地扭曲自己，逐渐符合了那些我们不想成为的人。而且，一直把眼光放在批评的世界里，你会越来越难受，越来越不舒服，能量越来越低。这么一来，根本就没有进步的动力与往前的心力。

所以，如果要进步成长，就要记得把自己的眼光，从被批评的世界里，移动到那些真心爱我们、鼓励和支持我们的世界里。因为在这样的氛围里，我们会一边成长，一边喜欢自己，而不是表面上成长了，表现好了，但却越来越不喜欢自己。

做咨询辅导的经历里，我遇见好多能力很强、发展很快的人，这些人照理说应该会是成功快乐的候选人才对，但是，很多这样的人，却不喜欢自己。这些人的自我概念（self-concept）很低，因为他们实在是不喜欢自己。在媒体上，每隔一段时间就会看到明星学校优等生轻生的新闻，为什么这些能力不错、表现优异的孩子会做这样的选择？有一部分原因，可能是他们用尽了全力要长出别人期待他有的能力，却也同时一步步成为了不喜欢自己的人。当自己负责移动眼光到爱的情境里，我们才更有机会一边长出新东西，一边越来越喜欢自己。

所以，下次如果发现自己又被困在批评里，就可以对自己说："啊！我又在黑色墨汁大池子里了，天哪！"然后，可以转身让自己靠近有阳光照耀、有土壤滋养的园地，让自己带着正向能量继续前行。

移动眼光，说起来简单，做起来可不是很容易的事。谢谢我亲爱的学妹，谢谢我换帖的好朋友，谢谢远方记得我的好朋友，是你们让我有爱的地方可以回去。

/ 修水管，还是换水管？/

水管生锈了，你会思考为什么生锈，还是去找个好水管，换掉旧的？有些时候不用闷着头一味地去想原因，而是把力气花在为自己的生命加上新东西。

几年前，我的博客刚开张时，好朋友阿佩在我的留言板里，留下了她的第一个留言。后来，我们在 MSN 上有了这么一段对话。

阿佩："我知道你说的每一句话都是真心话，但即使像你这么可以信任的人，我心里有时还是会有疑虑跑出来。我明白，其实是自己在怀疑自己，但就是不懂自己为什么这么爱怀疑呢？"

哈克："你可以继续思考为什么，也可以直接去接收新的信息——知道自己被喜欢、被肯定、被拥抱的新体验，然后成为新的自己。就好像水管生锈了，你不会去思考为什么水管会生锈，而会去找一个好水管，换掉旧的。”

阿佩：“可是总想查出水管为什么生锈了？不是知道生锈的原因，就可以对症下药了吗？可能就修好了，也不用换一个新的。”

哈克：“生锈的水管，本来就要换掉。你看过有人花钱修理生锈的铁管吗？”

阿佩：“刚刚在响应你的时候，发现了自己一直执著要修水管，不想换水管，也许是害怕那个新的水管。因为它新，以前没看过，不晓得它究竟长什么样子。”

哈克：“对，因为新，所以不熟悉；因为不熟悉，所以会怕；因为怕，所以就卯起来想，为什么旧的会这样？人一旦铆起来想为什么，就可以不用去面对新的与可能伴随的害怕担忧。”

阿佩：“懂了！当你说我的留言有水平的时候，就把这些好收起来，当作是自己‘新’的一部分。慢慢收，慢慢收，然后一个新的自己，就会慢慢出现了，对吧？”

哈克：“完全正确！”

哈克：“阿佩，你的留言留得真好！很有水平耶！”

阿佩：“你真的喜欢我的留言吗？”

哈克：“真的。”

伤痛还要继续挖吗？

这个“换新水管”的概念，源自于家族治疗师萨提亚，她提出了一个很创新的概念，叫作“Add-On”，直译成中文，就是“加上去”。萨提亚认为，有些时候不用闷着头一味地去想到底为什么会这样，而是把力气花在为自己的生命加上新东西。

许多人，包括做心理咨询的专业人士，有个习惯或倾向，就是很喜欢找源头。找问题的源头，找困住的源头，找找找找，很用心认真拼命地挖挖挖……这样的习惯与倾向，背后有一个很难被撼动的信念：“如果我挖得够深，走得够里面，我就可以发现为何我会如此难受的根源，然后我的人生就有可能会有很好，甚至很神奇的变化。”这个信念，有错吗？

没有错，这个信念，很多时候是对的。我自己三十五岁以前，也是深信不疑。只是，当你挖了一段岁月以后，即使已经挖得差不多了，你却变成“很习惯继续挖”。像是眼光持续的停留在房子后院的大树根，而忘了，房子前面有一大片土地，而阳光其实挺充足，正等着你去开垦。

这，不是不对。

只是，真可惜。

往深处挖，找出问题、困境的源头，在人生经营上是“发现”的历程，或者有些人较熟悉的语词是“察觉”。我十几年来在咨询室里，帮个案一个接一个奋力地寻找，“为什么我会那么没有安全感？男朋友和我吵架摔门、冷酷离去时，为什么我会慌乱得无法承受，在地板上打滚像个不知所措的五岁小孩。为什么？是因为爱我的保姆突然在一通电话之后，就骤然消失吗？是小时候受过什么伤吗……”

这个发现探索的过程，有没有让个案变健康？有时候是有的。多了对自己深刻的了解，找到了源头，多懂了自己。只是，有时候因为忙着处理过去的伤痛，就没有力气经营现在了。

所以，我们可以这样问：还要继续挖吗？眼光还要继续停在庭院深深的大树根底下吗？如果不继续挖了，可以走向何方？“创造”是一个可能的新方向。房子前方一大片值得开垦的土地，是创造的园地。“创造”的另一个说法是：让自己拥有一个又一个的新经验。

问自己可以做点什么新的？

话说，我的大女儿两岁大的时候，有一天无预警地吐了，连吐了三次。原本一看到孩子生病就会慌乱的我，想起了灵性层次很高的前辈朋友照顾她儿子时的安稳，于是我跟自己说，“来，来试试看，来传递很单纯很单纯的爱，给我心爱的孩子。”

于是半夜两点，我在黑暗中抱起因为人生第一次吐而很害怕的女儿，充满爱地拥她在怀里，轻轻柔柔稳稳地跟她说："黄阿赧，爸爸爱你，爸爸好爱你，爸爸好心疼你……爸爸抱着你，照顾你……"出乎意料的，害怕的小妹妹原本凄厉的哭声，可能因为爸爸的安在与流动的爱，慢慢慢慢地变小声，变成啜泣，然后安静地把头靠在我的胸膛。

隔天早晨，我骑摩托车带她去幼儿园，原本以为经过一夜折腾之后，女儿很可能会哭着不要进幼幼班教室。有意思的是，可能因为昨夜我们夫妻俩一起合作给了小妹妹挺不错的承接，可能是我抱着女儿的时候，给出的爱很专注，小妹妹只有在我帮她脱鞋子的时候，两只小手比平常用力一点抓着我，然后，自己背着小书包，绕过我身旁，走进了幼幼班。两位疼爱她的老师和我，都异口同声地说："黄阿赧，你好棒喔！"黄阿赧突然转身，无预警地扑回蹲在地上的爸爸怀里，捧着我的脸，寻找没有胡子的地方，左边轻轻地亲一下，右边柔柔地亲一下，又紧紧地抱我一下……然后，安稳地转身，走进幼幼班。

这孩子学会了爸爸妈妈用一辈子的时间才学会的事情——**用带着爱的联结来说再见，而不是我们从小学会的，透过冲突与疏离来说再见。**骑着摩托车离开幼幼班，我突然觉得今天的阳光特别美。于是，那个夜晚、这个早晨，我看着门前广阔的土地，很用心地播下了一颗好种子。因为愿意尝试新行为，创造了人生新的可能。

我可以继续思索，为什么我看见孩子生病就会如此慌？这，就是继续挖树根、继续修水管。我也可以移动视线，看见屋前的广阔草地，然后问自己："可以做点什么？"这，就是创造的开始，也就是停下挖树根、找水管生锈的原因，从忙着处理过去，移动到开垦现在与未来。

因此，有些时候可以多一点探索、多一点觉察、多一点发现；同时没忘记可以创造，可以拥有从来没有过的新行为与新经历。于是，时候到了，可以从后院的大树根移动转身，扛起锄头，提着水桶，来开垦门前的大好园地！

/ 把自己放得太大或缩得太小? /

有时候，我们会把自己想象成比真正的自己还要大，因而接下了自己承受不了的任务或决定。不是说不能把自己想得大一点，而是要知道自己正在撑大自己。

我有一位很有意思的朋友，绰号叫“小瓜呆”。小瓜呆是我大学时期的同学，我们一起打排球、联谊、围观彼此谈恋爱、捧着钢杯吃香喷喷的泡面……小瓜呆现在服务于高科技公司的专利部门，我们虽在不同的领域里耕耘，仍然有很靠近、亲近的时候。有一次，我和小瓜呆在 MSN 上有一段“普罗大众的智能”与“心理治疗师”的对话。

哈克：“最近有何新体验?”

小瓜呆：“昨天领悟到一件事，我不需要追求快乐或幸福，只要让心平静稳定，快乐与幸福就不远了，而且追求的心常与平静稳定背道而驰。”

哈克：“颇有禅机。我今天早上读的书，跟你说的很接近，就是‘回到中心’，平静就来了，安在就来了。于是，当美丽发生，就能够完整地欣赏美丽；当被爱了，就能够充分被爱，幸福感随之而生。”

小瓜呆：“对。遭遇到不顺时，也比较不会随之起舞，而且把不顺看得更清楚，就知道怎么去面对或处理了。”

哈克：“你刚刚这句话，我用心理咨询的学习来翻译，就会变成：当平静安在的时候，即使遭遇不顺，也不会丢掉自己、自暴自弃，或者怨天尤人。因此，能够真的拥有这个经验，进而有转化的可能。”

小瓜呆：“对，就是不会丢掉自己；随不顺而起舞，或是随不顺而起怒、怨，以及其他负面情绪时，常会丢掉自己。”

哈克：“这些负面情绪如果持续存在，就是让人产生心理症状的开端。难就难在如何平静？有请小瓜呆前辈解惑？”

小瓜呆：“我的方法是：把自己摆在一个适当的位置，大小刚好。我觉得，之所以不能平静，常因为我们把自己放得太大或缩得太小，过于看重或看轻自己。”

哈克：“你说的‘把自己放得太大或缩得太小，过于看重或看轻自己’，在治疗的概念里，就是‘离开了如其所是’。也就是说，没有活在‘真实我’的世界里，而是活在‘虚胖的理想我’里，或是活在‘贬低我’里。”

小瓜呆：“这样说很精确。”

哈克：“如果我们可以对正经历的事情给出一个好名字，就容易让自己回到如其所是。前几天，我和太太都觉得黄阿赧变胖了，因为变胖了，就好像没有之前可爱了，可是不想接受她变胖而不可爱的事实，所以越看她就越觉得不可爱。因为女儿真的是变胖了，可是因为不愿意接受这个真实，于是就失去了真正的接触。后来，太太帮女儿取了‘小田鸡’的绰号，结果每次一叫她‘小田鸡’，就觉得真的像肉肉的小青蛙，黄阿赧又可爱起来了。只是一个名字的小变化，就这样回到了如其所是。”

我把自己放得太大了

人，什么时候会把自己放得太大？

有时候，我们因为期待自己做更大的事，或是做得更好，会把自己想象成比真正的自己还要大，因而接下了本来自己承受不了的任务或决定。这样焦虑、担忧、害怕就容易接踵而来。不是说不能把自己想得大一点，而是，要知道自己正在撑大自己。

不久之前，有一次我和太太一起去大卖场买东西，我因为不喜欢买鲜奶时，一直被销售的阿桑推销一定要买她的牌子，因而匆忙地挑选了另一个牌子的中瓶鲜奶。可是，太太觉得孩子最近鲜奶喝得多，一定要买大瓶的。最后挑来挑去，还是买了那个阿桑推销的大瓶鲜奶。哎哟喂呀，我的生气按钮瞬间被按下，就气呼呼地生气了大半天。

气过之后，我心里觉得迷惑，奇怪自己最近怎么很容易因为不如意的事情就大生气呢？当天傍晚，打完网球、流完汗、骑脚踏车回家的途中，突然顿悟（运动之后很容易顿悟喔!）："啊！我知道了！我把自己放得太大了啦!"我发现，这一阵子，我因为用心写书，也忙着筹划"心动台湾 120"[①] 的大计划，一不小心，就把自己放得好大好大，以为自己是战场上威风八面的大将军。于是，当回到现实的家庭生活里，太太坚持自己的想法而不听我的时候，我的情绪就大爆发了。

知道了，觉察了，就承认吧！骑着脚踏车回到家里，一进门，我就说："太太，我发现，我把自己放得太大了啦！我一心要做大事，结果就活在大将军的世界里，回到家里，一下子回不到我在夫妻关系里的大小……"太太笑笑，看着我说："你能想到这样，又愿意说出来，真不容易。"承认了，说出来了，又被接住了，就火气全消了。

---

① 哈克从 2012 年发起的十年 120 免费工作坊计划，号召台湾地区本土治疗师，一起轮流带领工作坊，让想学习咨询治疗的年轻朋友，可以不用担心钱不够，而无法参加工作坊。因而在人生最需要学习的阶段，能有丰富的学习机会，也能看到不同治疗风格的前辈真实的样子。

回到如其所是的位置，并不容易，因为我们常常期待自己能更好、更美、更优秀。同时，也只有回到如其所是的位置，我们的双脚，才会踩在真正的土地上，才能迈开前行的脚步。

/ 整合内在喜欢与不接纳的自己 /

当“不接纳的自己”与“喜欢自己的部分”瞬间整合的时候，我们得以维持真实，并且可以着地，于是有机会不耽溺于自己做得很差的部分，也看见生命中其他的美好与努力。

身边许多朋友常常迷惑着，“真实”与“说实话”之间的差别。有些人觉得，如果要活得真实，就必须要说实话。我的想法是，两者要分开来看。真实，是对自己；而说实话，是对别人。换句话说，对别人说实话，是为了对得起别人；而真实，是对自己说实话，所以是真正地对自己负责。

几个年轻朋友接二连三地问我类似的问题：“哈克，同事约我吃饭，可是我不喜欢跟那个同事吃饭，怎么办?”这个疑问表面上听起来挺白痴的，就说“我不饿”就好了呀！可是，白痴的背后，常常是因为心里有一份坚持，就是“我不想说谎”。

不说谎，是一份愿意，是一份坚持，即使这样会活得比较辛苦。我佩服这样的坚持与愿意，同时，也觉得如果真要活得好，与其坚持对别人不说谎、说实话，不如好好来学习如何对自己说实话，活得真实。

接纳内在真实的自我

我们以前面“不喜欢的同事约我吃饭”为例，来说明如何对自己负责，让自己活出真实的三步骤：

步骤一

礼貌性地回答（对别人不完全说实话）：“谢谢你邀请我。但我今天早餐吃得很饱，我先忙一下，等告一段落后，随便吃一下就好了，你先去喽！谢谢你。”

步骤二

真实（对自己说实话。在心里跟自己说，或者小声地自言自语）：“我知道自己是因为并不享受跟这个朋友一起吃饭，所以刚刚才那样说。同时，我也知道，对于朋友，我有我的偏好，有些我很喜欢，有些我想保持距离，我接纳这样的自己。”

步骤三

对自己完全真实（在心里跟自己说，也可以自言自语）：

“刚刚我选择不说实话，是为了照顾我自己，让我生活过得更好，同时我知道真正的实话是什么。这是我的选择，我喜欢这样的选择。同时，有机会而且自己状况好的时候，我愿意选择更加打开自己，多认识身边的人。”

步骤二和步骤三的差别在于：步骤二的内在对话是“是的，这是真实的我。”这样的对话，是把真实的自己认回来。但是，如果只有认回自己、接纳自己，有时候会因为太安全、太舒适，而变得有点怠惰、不长进。不长进的人，一不小心就会变得不太可爱，因而不被喜欢。为了避免这样的事情发生，所以才需要有步骤三的存在。步骤三做的是，站在认回自己、接住自己的基础上，打开可能，愿意尝试原本不熟悉、不确定的其他可能。因为敢尝试，所以会有成长、有精彩、有丰富，因而活得有意思。

上面这三个简单又可操作的步骤，说不定会让我们更喜欢自己哦！

让自己真实又美好的并存练习

许多人以为自己活得挺真实，其实不然。

有人在上台报告前，明明很担心自己会表现不好，却一直跟自己说：“我一定会表现得很好！不会有问题的！”这样的自我激励，看似很有力量，其实虚到极点了，这样真的不叫真实，更不会产生力量。从相反面来说，一样是上台报告前心里有一份担心，怕自己表现不好，这时心里的自我对话是："完蛋了，这次死定了，唉！"这样的哀号，看似会提醒自己努力准备，其实带来的也常常是反效果，先把自己给吓死了。

这样的两个极端，都不真实，都没有对自己说实话。那要怎样才是真实，才是对自己说实话呢？很单纯，只要使用"并存"的概念就可以很健康地操作，试试看这样对自己说：

"是的，我有担心，以前的经验会让我对自己的表现有挺大的担心。"

"是的，同时，我也会尽力准备，看看还可以多准备些什么。"

"是的，我有担心；是的，我也会尽力准备，这两个都是我，而我比这两个还多更多。"

接下来，我们用更清晰的并存句型[①]，来看看可以怎么把并存的概念落实在生活里：在句型里，A 是练习的主角（自己），B 是陪伴者或自己。也就是说，你自己是 A，你可以找一个好朋友当 B，来陪伴你一起练习；也可以自己当 B，自己

---

① 并存句型是由美国斯坦福大学心理学博士、艾里克森催眠的首席讲师史蒂芬·吉利根博士所提出。

陪自己练习，两者都是很好的选择。

A："我想让你看见我是一个……的人。"

B："是的，我看见你是一个……的人。"

A："我担心你会看见我是一个……的人。"

B："是的，我也看见你是一个……的人。"

B："是的，这两个都是你，同时可以拥有这两个，真好……你拥有的，比这两个还多更多。"

A："是的，这两个都是我，同时可以拥有这两个，真好……我拥有的，比这两个还多更多。"

以前面因即将上台报告而会紧张的事情来当例子：

A："我想让你看见我是一个上台报告用心准备，想要表现得很好的人。"

B："是的，我看见你是一个上台报告用心准备，想要表现得很好的人。"

A："我担心你会看见我是一个担心、紧张、焦虑的人。"

B："是的，我也看见你是一个担心、紧张、焦虑的人。"

B："是的，这两个都是你，想用心准备表现杰出是你，紧张、焦虑、害怕也是你。同时可以拥有这两个，真好……你拥有的，比这两个还要多更多。”

A：“是的，这两个都是我，想用心准备表现杰出是我，紧张、焦虑、害怕也是我。同时可以拥有这两个，真好……我拥有的，比这两个还多更多。”

这个句型看似简单，可是后坐力十足。当我们“不接受的自己”与“喜欢自己的部分”瞬间整合的时候，我们得以维持真实，并且可以着地。这个是我，那个也是我，于是我们有机会不耽溺于自己做得很差的这块。因为当我的眼睛贴着“我做得很差”的小黑点，我就只会看见一片漆黑，而看不见我生命中其他的美好与努力，看不见我的生命原来有这么大块！

那天，在“心动台湾120”的首场工作坊里，面对着满场从南到北来到台中的参与者，我有感而发地说了一段话：“完美，不会真好；真实，才会真好。什么是‘真好’？真实而美好，才是真好。”

十几年来，我使用上面的并存句型来让自己落地不曾间歇，重新接触自己、接受自己。亲爱的朋友，你有哪些“是的”，等着被深呼吸落地呢？

2 第二部分

从自己的故事里，长出自信来

——找到养分，长出力量

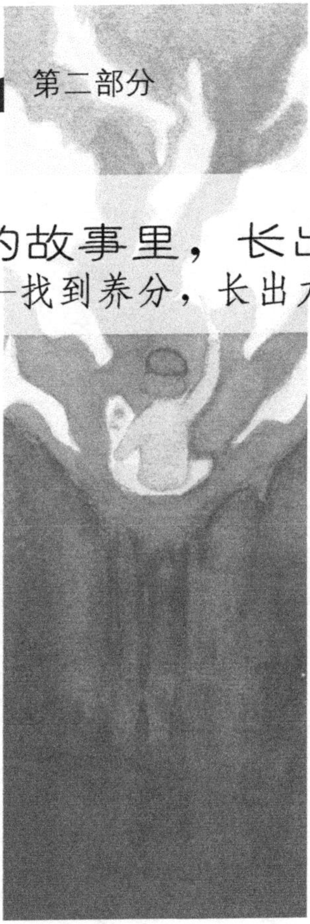

/ 为自己找到一个位置 /

人若被看见、被欣赏了，就拥有了美好的资源经验。拥有了资源经验，就有力量把另一个被忽略、被推走的挫折经验接进来；于是，生命就真的可以又真实又美好。

作为大学教授，除了概念与知识上的传递，我能给学生的，常常是一份看见的眼光。课堂上、下课的走廊、个案咨询室、团体咨询室，我真心地给出我的欣赏。

我说："哇！你的胡子好帅，很有个性喔！"学生总会笑得很开地回应说："没有啦，老师你的比较酷！"我说："换发型啦！是不是春天的脚步近了！"腼腆的女生听了，微笑点点头。短短的一句话，学生听到的是："老师记得我之前的发型耶！哎哟喂呀，老师知道我很想谈恋爱哦……"

有时候，年轻的孩子，真的很需要被记得，也想被知道、被懂。一个孩子没办法好好爱自己、珍惜自己，常常是因为生命里没有人真心停下来好好爱他/她。没有被好好滋养、疼惜的心，真的有困难去珍惜自己、爱自己，因而我常常认真地强调“记得”的重要。孩子若常常被记得，就会慢慢地打从心里知道，自己是值得被爱的。因为只有爱我的人，才会记得我啊！

看见，让人拥有自己的位置

“你弹爵士钢琴喔！弹多久了？”这是在大学教书时，某个早晨的第一堂课，我对一位大一男生说的话。

这个瘦小、戴着黑框眼镜的男生，上个月在攀岩场四层楼高的顶端，死命地抓着栏杆，对垂降有着无法表达的极度恐惧……所有的同学都英勇或胆怯地垂降下去了，他仍站在边边，害怕地说：“真的不会有危险吗？”我在攀岩场的顶端，旁边有帮忙的学长，还有专业的攀岩教练。

学长们鼓噪着要我催眠他，好让他赶快垂降下去，我当然不会这么做！我深呼吸一口气，看着他说：“会害怕，是正常的。”就只是看着他，不说那些话，那些会让他更觉得自己胆小、没有男子气概的话。他瘦小的身子，发抖挣扎着……踌躇了十几分钟，安全垂降了。我心里担心着：“这个孩子才大一而已，接下来要怎么适应休闲保健学系这么活力四射的环境啊……”担心就只能先放在心上了。

隔数周之后的星期一，听说因为这个男生参加校外大型的爵士钢琴比赛，成绩很好，为校争光，这个孩子因而将在学校的周会上，为全校同学表演爵士钢琴。我的心，震了一下，哈哈！这下可好，这个孩子有位置了。

星期二，刚好要上大一的心理学导论。走进教室，我把笔记本电脑放在第一排的桌上，准备接投影机，这个瘦小的男生一如往常，坐在第一排。我看着他，说："诶，你弹爵士钢琴喔！弹多久了？"

被看见的男孩笑开了嘴，说："我学古典钢琴十年，转练爵士钢琴才十六天就去比赛了！"上了几乎一整个学期的课了，这是我第一次看到他充满自信的眼神。我看见了，就欣赏地看着，也放心了。我知道，没有同学会小看这个孩子了。

那双在琴键上飞舞的手，与在攀岩场上发抖的手，是同一双手。

这双手，拥有自己的位置了。

事隔几年回想起这位学生，我心里想着的是，如果有机会让我再陪这个孩子多一点，我就会在下课十分钟的空当，教他并存的方法。

来！坐正，深呼吸。很好……伸出左手掌朝上，说，"是的，攀岩场顶端发抖的双手，是我。"深呼吸，收进去；然后，伸出右手掌朝上，说，“是的，琴键上飞快的双手，也是我。”再一次深呼吸，收进去；然后，把两只手慢慢移动到中间，握住，带着深呼吸说，“是的，发抖的手，是我；弹琴的手，也是我。这两个都是我，同时拥有这两个真好。而我，比这两个还要多更多。”

一个孩子被看见、被欣赏了，就拥有了美好的资源经验。拥有了资源经验，就有力量把另一个被忽略、被推走的挫折经验接进来；于是，生命就真的可以又真实又美好。

一个关心的问候，可以是一份美丽；一个灿烂迎人的微笑，也可以是一份美丽。把追寻独特的力气，拿来创造生活里一个又一个的美丽经历，会不会也很美好呢？

我们，你和我，其实都很平凡

因为太平凡，当我们想努力找寻自己的独特之处时，常常很难找；因为很难找，所以有时会真的找不着。于是，找不着又很想找的挫折持续累积，一不小心对自己的不喜欢，也跟着越来越多。

这个世界上，真正独特的人，其实很少很少。中国台湾能有几个林怀民和蒋勋？于是，困境来了。我们望着遥远的目标，奋力往前，却在一次一次的努力之后，发现怎么样都走不到那里。于是，不知如何是好，困难地看着自己不得不面对的——平凡。

几年来，找我做咨询辅导协助的朋友们，有不少挣扎着寻找自己的独特。有时努力找到了一点点独特之处，不久却又发现："很多人都有这个，好像不怎么特别啊！"

其实，我们都很平凡。平凡，其实没有什么不好。

从小，我们就经常听到："每个人都会找到属于自己的天空。""每个人一定都会有自己的独特之处，只是你还没找到……"这样的话语，激励着我们继续成长，努力寻找。可是，会不会也因为这样遥远的追寻，反而让我们更难接受自己平凡的事实？

何不，就确认自己真的很平凡；然后，好好着地，来创造生命中一个又一个的美丽，经营出跟这个人、那件事在一起的美好时刻。所以，我常说："如果找不到独特，那就来创造美丽好了。"

为相遇的人创造美丽

在大学教书的几年里，有个个子不高的男生，我一直都记在心里。记得有一天，在学校大大的游泳池，在"同理心"与"压力管理"两堂课之间的空当，我抽空去泡泡水，顺顺能量。游了两趟，在岸边的水里休息着。系上这位十九岁、个子不高的男生，正在游泳池当救生员，直直地朝我走过来，蹲下身子，怯生生地问："老师，为什么女生会喜欢凶凶的男生？"

我心里猜，这个温和的孩子，愿意听女生的心事，但是心仪的女生却喜欢别人，而在女孩感情受挫、心情不好的时候，又会跟这个善良的男孩诉苦……于是，我没有回答他的那个问题，而直接解答了他心里最可能的疑惑。

看着他，我认真、温和地说："老师跟你说，你很善良，请你继续用善良的心、温和的心，去听你喜欢的女生说她的心事。请你继续好心下去……如果这个你喜欢的女孩没有能收到你的好，那她可能就不适合你。后来，你会继续善良温和地对待另一个你喜欢的女生，然后你会等到的。"

怯生生的十九岁男孩，张大了嘴巴说："老师，你怎么才听我说一句话就知道了！"

我微笑看着他，说："要继续好心喔！"

冲了水，擦干身体，我搭电梯回研究室。天黑了，我发动车子，开车要去校园远远的另一端上进修推广部的课。远远地，男孩看见了我，大大地挥着手跟我说再见。这个傍晚，在游泳池畔，因为我停下来，听见十九岁男孩的心，于是我创造了一个美丽。这个傍晚，个子不高的男孩，因为鼓起勇气问了心理学老师一句话，更坚定了自己有能力，也有机会遇见未来的美好伴侣。

几年前，当时一岁的小女儿经历了人生第一次发烧、第一次吃药。太太抱着小女儿要喂药，小女儿哇哇叫，大力扭动着身体说："不要吃药！不要吃药！"大女儿从客厅走了过来，牵起了妹妹的手，说："毛毛，你吃药，吃完药姐姐帮你拍拍手喔！"神奇的是，毛毛竟然就乖乖安静地吃药了。牵着妹妹的手，大女儿创造了她三岁生命的小小美丽。

有一次，去平镇高中带一场辅导研习，成员是一群可爱的高中辅导老师，主题是生涯卡、爱情卡带领人训练。一进团体室，满屋子几乎都是我不认识的老师，这时一位清汤挂面型的年轻女老师走了过来，说："老师！我在大学念书时，上过你的课。得知这个研习班是你带的，就好兴奋喔，本来今天我要带大学时上你课的笔记本来的！"

那是七年前的事了，我兼任通识课程《创造力与生活》，社工系和幼保系的学生很多。年轻女老师这么一段短短的话，就温暖了我的心。七年前的一门通识课，这个孩子还保留着当年的笔记本……短短却情长的一段话，让我相信自己是有价值的。这个年轻的女老师，在这个早晨，也创造了一份珍贵的美丽。

"如果找不到独特，那就来创造美丽好了。"

一个关心的问候，可以是一份美丽；一个灿烂迎人的微笑，也可以是一份美丽。把追寻独特的力气，拿来创造生活里一个又一个的美丽经验，会不会也很美好呢？

/ 自信怎么来？/

自信，来自于对自己的喜欢；对自己的喜欢，来自于真的接受自己的限制，以及活出自己的好。

一位年轻的朋友在 MSN 上问我："哈克，是什么让你可以这样自信地存在着？"我在心里对自己说着，也回答她："你比我年轻好多岁，而岁月可以胡乱走过，也可以一步一步地累积无价的内在能量。"

"自信怎么来？"且让我来好好地、完整地回答。

自信，来自于对自己的喜欢；对自己的喜欢，来自于真的接受自己的限制，以及活出自己的好。更直接地说，就是：因为接受自己的限制，加上能够活出自己的好，于是会越来越喜欢自己，而累积了对自己足够多的喜欢，自信就来了。

从最基本的位置说起——怎么接受自己的限制呢？

我有很多限制。有些人会称之为缺点，我喜欢称之为限制。我和亲爱的老婆逛街的时候，我很难陪着她一件一件地试衣服；我脾气拗起来的时候，像个五岁的小男生，很难照顾；开会的时候，我很难乖乖地在座位上，总是会动来动去；还有好多……我有好多的限制。我的限制和我拥有的好特点，几乎一样多。

健康的朋友能接纳你的限制

那要如何接受自己的限制呢？找到健康的人来当朋友，是重要的第一步。真正健康的朋友，因为接受自己的限制，也喜欢自己的优点，所以，能够毫无保留地欣赏我的优点，会赞叹我的好。而见到我的限制时，也会笑一笑，然后说："哈哈！哈克就是这个样子！"

"哈哈，他就是这个样子。"这样一句带着微笑的话语，里头充满了对限制的接纳。这样的语句，背后传达的含意是："虽然你——，我还是好喜欢你这个人！"

还记得念咨询辅导博士时，实习接个案常常要透过录像来帮助学习。那时，看着影像里正在当实习咨询师的自己，身体常常动来动去。当时的我，挺担心那样的自己会影响咨询的深度与成效，还记得当时的督导却指着影像里的个案说："你看她，很专注地在说自己，没有被你动来动去影响。你本来就是这样啊！你上我的研究方法的课，也是动来动去啊！这就是你啊！”顿时就被接受、被接纳了。

因为被健康的人接纳了，我也就能开始接纳自己；接纳那个需要透过身体移动，来活化内在能量流动的我。因为被滋养够了，被喜欢够了，我就更喜欢自己了。慢慢地，有时我也扮演着这个健康的朋友角色，我会说：“哈哈，Yumi 就是这样，紧张时就会一直流汗。”“哈哈，Zoe 就是这样，是我们所有人里面，脸红速度最快的一个！”

一个带着微笑的“就是这样”“这就是你啊！”让我们不知不觉中，也在心里听见了这样的声音：“对呀！我就是这样，这就是我呀！”这样新的声音，由外面传了进来，随着时间，逐渐成为自己的内在声音。于是，这样的自己没有被推开，没有被自己厌恶，内在就一天一天越来越完整。

下一回看见了自己的限制，心里会自动化地有这样的声音回荡着：“对呀！这就是我呀！”这样新的、自动产生的声音，自然地取代了原本的自我责怪（“我怎么又这样了……”），对自己的喜欢与接纳，从这个新的自动化[①]声音开始，逐渐长大。对自己的接纳，扩大了一些；自信，也自动地长大一些。

---

① “自动化”指的是不经思索的状态下，自动自发跑出来的念头或感觉。从小，我们形成很多自动化的反应，像是面对责骂的时候，身体会自动化的紧缩；像是生气的时候，大脑会自动地一片空白；像是被责备的时候，会自动化地出现“我怎么又做错了”的内在对话。

他人的赞赏，增长我们的自信

跟健康的朋友在一起，除了被接纳，还会得到赞叹。在低潮时收到赞叹，特别珍贵。有一回，我心情低落时，恰好收到小徒弟传给我一封信，信里说着她准备在自己的婚礼中，介绍我上台的介绍词。

现在我想要介绍一位对我来说很重要、很重要的人！他对我来说，可能是我的再生父母吧！他不老，他挺年轻的！是他让我感觉到自己的存在，让我可以开始真、真、实、实的快乐！我猜这样的快乐，有些人懂，有些人不懂！这样的一个人，他是我心理治疗的师父。如果有认识我很长一段时间的朋友问："你怎么越来越快乐啊？你怎么越来越漂亮啊？"我想我的答案都是一样的！那是因为我有一位很疼我、一直帮我、照顾我的师父——哈克！

还记得看完这段婚礼的介绍词时，我的眼泪掉了下来。原来，我是这样被记得的……因为有这么一段被赞叹的话，对自己的喜欢，又多了一些；自信，也悄悄地多了一些。

平凡渺小，是事实，也等待被接纳。
你我都知道，我们都平凡，也都渺小。

/ 为自信播种与扎根 /

年轻的生命可以播种、扎根的，是用心活出自己的故事，拥有属于自己的真实经历。辛苦挣扎的同时，不忘为自己累积一个又一个喜欢自己的好时光。

赶在暑假人潮来临前，我带着大女儿、小女儿，还有太太，一起去游泳池玩水。快满三岁的小女儿毛毛，穿起人生的第一件比基尼，真是迷死人了！游泳池畔的叔叔、阿姨经过时，都忍不住小声地惊呼："好可爱喔！"两个女儿，两个游泳圈，和太太一起在水里玩"大恐龙要吃你了"的游戏，尖叫声与大笑声不断。一旁的我，高兴着自己终于抽出空来，带全家人一起出来玩玩水。

我在干吗？我正在"好好回味！"我正在回味着几个星期前，享受的时光。而我们却从小就努力学习一个和"回味"很不一样的东西，叫作“反省”。

反省，是儿童教育里老师必须要教会孩子的重要功课之一。因为学会反省，才有办法改过，才能进步；而个人进步，国家民族才有前途。只是，把“反省”学得太好的人，不太敢“回味”。他们的内在对话是：“我还不够好，还有很多地方需要改进。在我还没有达到完美的境界之前，我是不是还要多鞭策自己一些?”因此，把“反省”学得扎实的人，活在要持续进步的压力与阴影里，于是不敢“回味”。话说回来，其实只要在传统文化中长大的孩子，很少有不会反省自己的。换句话说，我们其实都反省得挺不赖，说不定在长大以后，可以来学学另一个东西——回味。

为自信播种的句型

回味，“回”过头去细细品味。回味，就是再活一次，再活一次我喜欢的部分，回味美好的经验，再迎向未来。用专业的心理治疗语言来说，叫作“身历其境的重新经历”（Re-Experiencing）。在催眠治疗的不少做法里，会用引导冥想的方式，带领主角回到曾经有过的资源场景，像是第一次被深情拥抱、被深深鼓励……然后，重新体验那个资源经验。

回味，如果只有在心理治疗的场域里体会，实在是太可惜了！生活中，有好多美好的素材值得回味。回味，可以发生在家庭生活里的好时机有两个：一个是吃饭时，另一个是晚上睡觉前。

我发展的回味语法里，最经典又最容易操作的，就是“今天，你什么时候有快乐?”几年下来，连我的两个稚龄女儿都学会了呢!

有一天睡前，小女儿毛毛用童稚的声音问我：“爸爸，你今天什么时候有快乐?”我想了想，说：“今天妈妈帮爸爸按摩的时候，爸爸好快乐喔!”一旁的大女儿黄阿赧接着问：“妈妈，你今天什么时候有快乐?”太太回答说：“我今天把鸡腿排煎得香喷喷，你们都吃光光的时候有快乐。”

我接着问：“黄阿赧你今天什么时候有快乐?”大女儿回答：“今天妈妈来幼儿园接我，我看到妈妈的时候有快乐!”(这小子，几乎每天问她，都是这个答案，你就知道女儿有多爱妈妈)”小女儿呢?黄毛毛很酷，她只爱问别人什么时候有快乐，不爱回答。

“今天什么时候有快乐?”这个简单的句型，有两层重要的好东西。第一层好东西，是可以持续地搜集自己活过的好时光(good moment)。生活忙碌时，在胡乱中就过去了，常常以为自己什么都没做。所以，当我们回想，发现自己仍然有美好时刻发生过时，我们会自然地，更喜欢这样的自己。一次一次地更喜欢自己，刚好就是自信的关键源头。

如果身旁有朋友、伴侣可以问，互相问会是挺好的选择。

你可以试试看这样问身旁关心的人：“你今天什么时候有快乐？我很想听你说说……”如果自己一个人，也可以自问自答：“我今天什么时候有快乐？”然后写下来，写在社交网站上，写在博客里，写在日记里。

这个句型的第二层好东西是，当我们知道了身边的人，今天什么时候有快乐时，会让我们更知道对方最回味最享受的时光是什么时候什么场景。于是，有力气的时候，就可以付出爱，让那样的时光与场景得以重现。如果你写在社交网站、博客或日记里，朋友看了，也会更懂你是什么样的人。这时会有另一个附加红利发生，就是因为你分享了快乐的时刻，于是朋友有机会接触到这个部分的你，因而更想靠近你。

回味，可以就这样发生，在一天过了一大半的时候，问问身边的人：“你今天什么时候有快乐？”让回味，温暖你我的心房。

让自信扎根的句型

还有什么可以让自己更喜欢自己，进而拥有自信？有的。那就是，要活出自己喜欢的好。换句话说，就是认真地去实现自己真正重视的东西。

喜欢爬山时，挥汗坚持的感觉，就穿起登山鞋，去爬你想爬的山。

想写信，就好好地放一杯茶在桌边，静静地写一封信。

想唱歌，就去找好的听众，或是一个好地方，尽兴地唱首歌。

想记录经历或故事，就闭上眼睛沉浸在感受里，让手指随着情感，打出流动的文字。

要能喜欢自己，就要扎扎实实地去做那些会让自己更喜欢自己的事情。其实，每个人都知道，做什么事自己会真的快乐，会觉得喜欢这样的自己；难的是，能不能真的去做。因为有时候我们得对抗内在的欲求：对金钱的欲求、对美食的欲求、对享受的欲求、对刺激的欲求。因为欲求，常常带着我们远离那些做了会让我们更喜欢自己的选择。这些欲求很厉害，能够把我们从成为自己的道路上，带往荒芜之地。

你可以试试看我使用了多年的自信扎根句型："今天的我，做些什么，会让我更喜欢我自己？"这个句型，还可以用一个类似但不太一样的变种问法："今天，如果发生什么，我会更喜欢自己？"

今天，如果我看电视的时间少一点，我会更喜欢自己一点点。

今天，如果傍晚的时候我可以去打网球、奔跑流汗，我会更喜欢自己。

今天，如果我买到造猫跳台的角材开始做木工，我会更喜欢自己。

今天，如果晚上睡前我可以安静地说两本绘本给女儿听，我会……

每天都持续着让生活里发生这样的好事，累积着对自己的喜欢，喜欢着自己一天一天让自己更努力活出想要的模样。这样活，活个十年，你很难不喜欢自己。慢慢地拥有对自己的接纳，还有对自己的欣赏，于是越来越喜欢自己。因此，自信慢慢地成为我的一部分。

在亲密关系或好友关系里，也可以用这个自信扎根句型互相问彼此，可以试试看这样问身旁的人："今天的你，做些什么，会让你更喜欢自己？"被问的人，好好想一想，说说看。当你有好的状态可以问身旁的人，就可以深呼吸，安静地问问身旁的人。

用心去经历自己的生命故事

有一回，一个年轻女生跟我说她在爱情里的不确定，我微笑看着她，说："前头还有好多生命故事等着你去发生呢，一个个相遇，都会让你更懂自己一点点。当然，慌张会有，不知道、不确定会有；同时，我看着你长大，我知道你会透过自己的经历、透过自己的故事，来慢慢知道你的生命还可以长成什么样子，能爱上什么人……”常常，因为能好好地经历自己正在活出的故事，于是有机会不用那么慌张地想要找别人给指引。

现实的世界里，不会每件事情都让你喜欢、让你享受。于是，年轻的生命可以播种、扎根的，是用心活出自己的故事，拥有属于自己的真实经验。辛苦挣扎的同时，不忘为自己累积一个又一个喜欢自己的好时光，因而拥有了属于自己的堡垒，可以迎向外面的风雨。

自信，不是一个标准，不是一个目标，是一个不曾停止开垦的山坡地。于是，继续使用这两个句型问自己，继续去做会更喜欢自己的事。终究，年轻的你，会长出那一份和别人都不一样的属于你的自信！

/ 我可以为人生加入什么新可能？/

人生的新可能，是从很小很小的不一样，加上很大很大的决心，还有紧握在手心的勇气，然后才有发生的可能。

乔布斯每天早上对着镜子问自己：“如果今天就是生命的最后一天，我还会想做现在要做的事情吗？”如果连续几天答案都是否定的，那就要对自己做点改变。

四十二岁的我，在苹果创始人乔布斯离开这个世间的晚上八点十六分，在夜色平静的咖啡店里，对着计算机屏幕，学乔布斯问自己：“嗨，哈克，如果今天就是生命的最后一天，我还会想在今天剩下的时间里，做正要去做的事情吗？”

今晚，我本来想写下个月要外出带训练的讲义，然后回家照顾小女儿睡觉。等她睡着之后，我会陪大女儿躺躺、说说话。直到两个女儿都睡熟了，如果运气好，太太会陪我聊天，然后互道晚安，入睡。

如果今天就是生命的最后一天，我还会做这些事吗？是的！

明天的行程呢？明天一早要出发去南部，带一个咨询师、社工师参加的“解梦工作坊”。晚上会和好朋友去吃美味的寿司，回到家，会上网收信、回信……我问自己，如果明天就是生命的最后一天，我还是会做这些事吗？如果可以有一点点不一样，那会是什么？

这些事都是我喜欢的，即使明天就是生命的最后一天，我还是会做。只有一点点会不一样，就是上网的时间，要少一点。这个只有一点点，就是关键了。如果减少了那么一点点上网的时间，空出来的时间，要干吗呢？多出来的时间，我会静静地坐在卧房，多看两眼熟睡的两个女儿。

生活里，因为这样累积起“一点点的不一样”，而有机会活出更美好的样貌。

从小小的改变，累积出生命的惊叹号

回想起自己二十岁大二那年，我是班上六十个同学里，少数确定考不上电机研究所的学生。高中时期的我，曾经以为自己喜欢理工科学，我错了。经过两年的学习，我确定自己不喜欢，也没能力可以学好，因为不管我怎么认真听课、预习、复习、做习题，我都没能搞懂量子力学的数学式子到底是什么意思。

我隐隐地觉得电机工程不会是自己一辈子的职业，但是不知道可以走向何方？那时心里大概有一百八十九个问号，却没有半个惊叹号！问题来了！我不喜欢这个，但是，什么是自己生命可以投注的方向呢？

在那个慌乱无处可躲的年纪，不知从哪来的勇气与毅力，我开始在生活里加入了一点点的不一样。印象最深刻的，就是去旁听心理学的课。记得大二那年，有次跟着电机系同学眼神空洞地在普通教室上着被规定要修的修辞学，下课时，眼神一样空洞地在二楼的走廊随着下课的人潮准备走去吃午餐。人生的转弯，就在这时发生了。

二楼转角的那间教室，不知为何即使下课时间还是挤满了人，教室里座无虚席，连窗台都有人坐……我的眼睛一下子亮了起来，“是什么课？是什么老师？让这些自命不凡的大学生这么热衷？这么想听？”

那天，在中午的阳光洒进的普通教室里，我第一次看到讲台上的宋文里老师（那时他大约四十出头吧），真是神采飞扬的心理学老师！从那天起，我的梦想，就不再是当科学家了，我想要有一天成为像宋老师一样，成为一个学生超爱听课的心理学老师！从这个梦想萌芽开始，我的人生开始累积一个一个小小的惊叹号！

怎么从那么多的“问号”，移动到接下来人生不断出现的“惊叹号”呢？我开始旁听宋老师所有的课，大学部的变态心理学、人格心理学、宗教心理学、爱与性的精神分析……我常常从电机系教室的后门溜走，然后飞奔到大草坪旁的大讲堂，偷偷地从后门溜进去，挤到最前面一排的边边角落，眼睛发亮地听宋老师说着，一个又一个心理疾病的症状与发生原因。

同年年底，我到学生咨询中心当义工，坐在柜台帮老师们接电话，登记个案时间，算测验分数，参加成长团体，学同理心……到了大四，竟然得到咨询师的信任，让我带领大一新生成长团体……一点点不一样的尝试，学到了一点一滴的好东西。然后，有一天，我累积了足够的不一样，竟然申请到了当年全美排名第一名的马里兰大学心理咨询研究所，开始了我梦想实践的第一步。这样一路走来，直到后来念了咨询与辅导博士，全心投入这个专业。

让自信开花的句型

从二十岁那个小小的不一样开始，我一直有个念头没有变。二十岁、二十一岁的我，每当慌乱无助的时候，就会跟自己说：“我宁愿流汗辛苦，也不要流泪后悔。”于是，每当发现自己继续走同样的道路有可能会后悔时，我就负起责任，做出一点点的不一样。

所以，自信开花句型是这样问自己的：“我要长出什么？我可以为人生加入什么新可能？”长出什么，意思是有什么能力是我需要去培养的？如果我有想走的方向，需要先培养出什么能力来好好走过去。这些生活里可以发生的一点点不一样，就会是为人生加入的新可能。

认识我够久的朋友都知道，我是一个几乎不抱怨的人。我把抱怨的时间，拿来改变自己，做出一点点的不一样。人生的新可能，不会突然发生。新可能，是从很小很小的不一样，加上很大很大的决心，还有紧握在手心的勇气，然后才有发生的可能。用一句电视广告里的台词来做结尾：“不做，不会怎样；做了，会很不一样！”

/ 被喜欢，所以可以好好长自己 /

我们被喜欢的人围绕着时，比较敢去尝试各种可能，也可以比较安心地做自己；当我们安心做自己时，才有机会找到独特、绽放美丽！

被喜欢，重要吗？

从二十岁开始，我陆续参加过数十个不同的小团体，有成长团体、训练团体、支持性团体……我发现一件事：我之所以会继续去同一个团体，常常是因为我在那个团体被某些人喜欢；或者，因为这个团体里有几个我真正喜欢看见的人。如果我发现那个团体里大部分的人都不怎么喜欢我，或者我觉得大部分的人都不是我喜欢的，那么我就会决定不去了。所以，我大胆地假设，团体里面，在所谓的团体动力之下，有一个更基本的东西，叫作“喜欢”。

人，因为被另一个人喜欢，因此享受地来到这里，继续被喜欢。

我们可以强迫一个人把纸屑捡起来，可以强迫一个人把碗洗干净，可以强迫一个人把晒好的衣服分类折好；然而我们无法强迫一个人，喜欢我们！

人为什么需要被喜欢？因为被喜欢的人围绕着的时候，人，比较敢去尝试各种想尝试的可能，可以比较安心地做自己；而做自己，才有机会找到独特、绽放美丽，这真是再珍贵不过的事了。

所以其实从幼儿园开始，或者从出生开始，我们就不可避免地努力想被喜欢！萨提亚说，为了生存，我们学会了一些固定的姿态……

有些人学会："只有当我乖乖听话，我才会被喜欢。"

有些人学会："努力用功，就会被喜欢。"

有些人学会："如果能幽默有趣，有可能被喜欢。"

有些人学会："体贴温柔一些，会被喜欢。"

有些人学会： "我一定要负责尽职，因为这样才会被喜欢。"

有些人学会："我一定要很节省很节省，因为这样才会被喜欢。"

吊诡的是，长大以后会发现，这些好不容易学会的"被喜欢”的能力或特质，怎么……怎么好像不管用了！

于是长大以后，我们来重新问一个好问题：“生命的这个时刻，我的什么能力或特质，会让身边的人真心喜欢我？”我们试图用更精细的显微镜，来观看这个看似不那么重要，其实很关键、很重要的人生命题。

待在自己的世界，进入别人的世界

我自己被很多人喜欢，甚至被一些人热爱；同时，我也被一些人不喜欢，被某些人推得远远的。我其实知道，这些不喜欢我的人不喜欢我哪里。三十岁前的我，自命不凡、自以为是，总是低着头只专注地看见自己的精彩，然后怨叹别人不能欣赏。

还记得三十四岁那年，在新竹社会服务中心二楼的大团体NLP工作坊，在练习的小活动里，和一位医生朋友同组。那天我们发现，这位医生朋友脖子酸痛的原因，是因为他总是抬起头，看见别人的需求，努力去照顾别人。因为常常抬头，固定的脖子姿势带来了酸痛症状。

那时我心里大大地震了一下！因为我自己也常脖子、肩膀酸痛，而我的原因刚好相反：我只会低头看见自己的需要，因而看不见别人。我因为太常低头看自己，固定的脖子姿势带来了酸痛，所以，我开始懂了，为什么那些不喜欢我的人，会想把我推开。根本的原因就是因为：我活在自己的世界里。

从上面这个经验的反思，加上十多年来的专业心理治疗经历，我发现：**处在“自己的世界”与“眼前人的世界”的比例，是让人喜欢与否的重要因素之一。**如果处在自己的世界里太多，会看不见眼前的人，那么别人会感受不到你的善意；如果眼光总是看着眼前的人，看不见自己，那么你只会赢得“好人”的称号。

于是，可以操作的是：让自己有时候待在自己的世界里，有时候进到别人的世界里，我会说 7：3、6：4，或者反过来的 4：6、3：3，都是很好的比例。简单地说，就是两边都要有。就好像谈恋爱，不能老是等人家来追你，有时候也要主动去亲近人家嘛！

一方面，待在“自己的内在世界”里，照顾疼惜自己、欣赏自己、鞭策自己、享受自己；另一方面，有时候也让别人进到自己的世界，因而可以不那么孤单、不那么寂寞，同时，也让别人感受到自己内在的纤细或柔弱。于是，在合适的时候，可以把别人的爱接进来。接进了别人的爱，除了自己享受以外，还可以让对方觉得“我好有用耶！”

然而，如果一直都待在自己的世界里，等待别人来照顾，那么负向的能量会感染身边的人。这时身边的人很难喜欢你，因为他们会累垮；为了不被负向能量拖垮，他们会选择离开或与你保持距离。因此，合适的时候，我们可以选择张开眼睛、抬起脚，进到别人的世界里。当我们的视野落在“眼前人的内在世界”，就有机会看见另一个世界的风景，有机会给出关怀、给出爱，给出对方需要的协助。

当我们关心地问着眼前的人“你最近好吗?”“你今天什么时候最快乐?”我们就自然地滑进了别人的内在世界；当我们问自己“我最近怎么会慌慌的?”“我可以为自己做些什么，让我的平静多一点?”就可以好好地照顾自己。

低头，看见自己；抬头，看见别人。

于是，脖子可以不那么酸，也可以逐渐被喜欢。

/ 真实呈现自己时，还可以被喜欢吗？/

报喜不报忧，假假的不真实；报忧不报喜，一天到晚说着自己的痛苦，也不可爱。让“资源状态”与“困境状态”并存呈现，报喜也报忧，才是可爱的重要基础。

我常常被咨询治疗界的后辈问道：“哈克，为什么有些人可爱？有些人那么不可爱？可爱跟不可爱，到底是怎么一回事？”

因为长期需要和人一起工作，有不少机会见到可爱的人；同时，也遇到很不可爱的人。我发现，人如果只活在困境与问题里，就会一直说问题的故事；相反地，人如果只活在报喜不报忧的世界里，就会不真实。

所以，一个人如果始终说着困住的问题故事，不可避免地会拖累别人的能量，于是别人很难觉得你可爱，很难自然地喜欢你；相反地，一个只报喜的人，假假的不真实，也不容易被喜欢（人家只会觉得你很好命而已）。

举个例子来说，如果我在博客写文章，每次都写说：“当爸爸好幸福，当教授好有地位喔！”如果我每篇都在写这个，读者一定不喜欢我，还会有一种很不爽的感觉。为什么？因为不真实啊！真实的我，不是只有快乐跟幸福而已，这只是喜忧参半的真实生命里的一小部分。因为不真实假假的，所以就不可爱。

所以，报喜不报忧，不可爱；报忧不报喜，一天到晚说着自己的痛苦，也不可爱。那怎么办？概念上很简单，就是让“资源状态”与“困境状态”并存呈现，我认为，这样的“报喜也报忧”，是可爱的重要基础。

整体来说，在觉察自己的心境上，不要放得太大，也不要缩得太小，是心法。报喜也报忧，是可以操作的行动语言。说不定你已经注意到这里出现了关键词“也”。这个关键词，就刚好是英文的 AND。出现了 AND，表示这是可以在生活中练习的并存句型。

真实才像人

如何报喜也报忧呢？用我的例子来说，我会这样呈现我自己：“是的，当爸爸的我要照顾一家四口，有时候真的好累；是的，我看着两个女儿，我总有一种说不出的喜爱与幸福感；

是的，我其实有时候觉得当家里的经济支柱好累；是的，我好怀念那个骑着单车、自由自在的我。”

回想一下，你最常造访的博客或社交（账号），有哪几个是你每回上去就会先皱眉的？有哪些是你会期待他又多写了什么的？如果朋友写下了他的困境与挣扎，你就有机会见证他的努力与投入；如果朋友记下了欢笑与快乐，你就能一起共享美好时刻；如果朋友放上了面对未知的彷徨与祈求，你心里说不定偷偷地出现这样的声音：“原来，他跟我一样也有这么无助的时刻啊！”于是，我们接近了这样一个真实的人，这样的人，还真可爱。

前一阵子，刚确定要出版这本书的那几天，我的心情很忐忑，却又说不清楚。刚好我换帖的好朋友锦敦打电话来，我说着说着，就说出了自己的担忧，我说：“怎么会这样？明明写了那么多好文章，怎么会一知道要出书，就开始涌上一堆的担心，很怕自己写出来的东西不够好……怎么会这样？”有意思的是，好朋友一点都没有要安慰我的意思，他在电话的那一头，笑笑地说：“会怕很好啊！这样才像人啊！”

我听了这句“会怕很好啊！这样才像人啊！”心里很震撼。挂上电话之后，我一边心安了下来，一边听着脑海里回荡着这句话“这样才像人啊！”对啦，这就是关键了，就是这样的真实，会开心、会快乐、会担心、会害怕，所以才像人啊。

亲爱的朋友，你呢？你有哪些“这样才像人”的话，等着被说出来，被呈现给朋友看见呢？看到这里，说不定你可以闭上眼睛，听听看心里头，有哪些报喜也报忧的“像人”的自己，正要浮上来。

/ 找到滋养自信的好朋友 /

我们因为可以分辨朋友的亲疏远近，因而可以好好地安排自己的能量，拿回人际互动的发球权。

除了报喜也报忧之外，还有一个被喜欢的小诀窍，就是适当的人际距离。

年轻的大学生最常来找我诉苦的内容，除了爱情的烦恼外，就是人际关系的议题。“老师，为什么本来我们都一起玩得很开心，一到大三，几个朋友就突然疏远不见了？”“老师，我和室友吵架了，他完全都不跟我说话了，怎么办？”人际关系之所以出现状况，有很多你的、我的、他的原因。而其中唯一能自己控制的，就是自己和别人之间的距离。

身体距离，是一个需要注意的人际互动基本功夫。太近了，别人会想防你，也会想要躲开，因为你侵入了他的安全界线；太远了，别人会听不见、看不到你的善意，那就可惜了。

我有一个好朋友，她有着单眼皮的素净脸孔，总是静静的、话很少。她是我认识的朋友里，脸红速度最快的，快到可以在一秒钟之内，百分之百全红。我猜想，她因为能安静，所以很会倾听，能听见难受的辛苦，也能听见欢乐的笑话。有时候跟一群朋友一起聊天，我说了不怎么好笑的笑话，她总是第一个大笑。我常说，有些人因为很幽默，所以人家很喜欢；而有些人，因为很能欣赏别人的幽默，所以被大家喜欢。她能听、能笑、愿意笑，于是透过一个舒服的距离，传递了善意与接近。这个舒服的距离，刚刚好可以让人用眼睛去接近一个朋友，于是可以打开心，接收眼前人的情感，不会太远，不会太近。这样的距离与态度，在心理学里，有个专有名词，叫作“同在而不侵入”（company without intrusion）。意思是，与别人靠近，有同在一起的感觉，同时不侵入对方的安全网，除非被明确地邀请了。

人际间的舒服距离

人际距离包括身体的距离与心理的距离。身体的距离很容易理解，当靠别人的身体太近，和这个人却没有真的亲近感时，人会不舒服。这时候，就需要调整一下。心理学家霍尔（Hall）的研究告诉我们，距离有下列几种。

亲密距离：大约50厘米，也就是半个手臂的距离，允许别人进入50厘米内的距离，即是让他进入亲密空间。

私人距离：介于50～125厘米，夫妻、情侣在公众场合常常保持的私人距离。

社交距离：2米左右，同事间、售货员与顾客说话时，常常保持这样的社交距离。

生活中遇过不少人，似乎很难学会与人保持舒服的距离。有些人因为不知道怎么靠近人，怕别人会拒绝自己，于是跟人很远很远，因而累积了好多的孤单；而当他们有机会接近人的时候，会整个人扑上去、黏上去。这样要让人喜欢，就难了。

需要跟人保持远远的距离，通常是因为内在对自己有些不相信。不相信自己够好，不相信自己够好到值得别人喜欢，于是躲得远远的，即使别人想靠近，也门都没有。然而，如果跑到另一个端点，整个人扑上去、黏上去时，又会让别人害怕，因为扑上去、黏上去，会让人失去平衡。结果，别人怕了，说不定就瞬间躲起来。于是，又强化了“对呀，我真的不值得别人喜欢”这个信念，只好又回到距离远远，孤单多多。

那怎么办？可以静静地、真心地听着身边的人说话，然后，偶尔凑上前去（注意不要侵入50厘米的亲密距离喔），有点靠近，也真正地关心眼前的人，而不是一直担心着自己够不够好，这样一来，担心放下了、关心传递了，于是被喜欢很可能会默默地涌现。

分辨朋友亲疏远近的分类系统

在帮助学生的过程中，我发展出了一套挺实用的“红橙黄绿分类系统”。

年轻朋友常常会在二三十岁的时候，突然发现朋友清单在短时间里会出现“大换血”的现象。可能是大二升大三的暑假过后，可能是和情人分手后，忽然跟一群亲近的朋友硬生生地切断了、可能是换了工作、搬了家……这些时候，会有一种突然的落差。此时除了感觉失落以外，正好也是评估自己红橙黄绿系统的最佳时机。

红　最热血、最心跳的颜色。代表的是“换帖的朋友”，是最可以说内心话的好朋友，是半夜三点打电话跟你说他心情不好，你会心甘情愿坐起身好好地跟他说话的知心好友。有一个问句，可以帮你厘清谁是红色朋友，就是：“你生病住院时，最希望谁来医院看你、陪你?”

橙　很温馨、很舒服的颜色。代表的是“亲近的朋友”，是看到他会开心，说起话来满安心的朋友。可以帮你厘清谁是橙色朋友的问句是：“跟谁说话，你会觉得安心舒服，也会有挺喜欢自己的感觉?”

黄　轻松愉快的颜色。代表的是“有些靠近的朋友”，可以帮你厘清谁是黄色朋友的问句是：“无聊想逛街、想找点乐子时，你会想打电话约谁一起玩耍？”

绿　远远的草地颜色。代表的是“认识，但不熟的朋友”，是那些你还在观望对方是不是真的算朋友的点头之交。

取得人际互动的发球权

我疼爱的学生小芸手绘了一张城堡彩图，很传神地把这红橙黄绿分类系统表现出来。从远远的绿色的草地，要走进可以贴近心跳的红色城堡，需要经过篱笆、护城河、城墙大门。我们因为可以分辨红橙黄绿的亲疏远近，因而可以好好地安排自己的能量，拿回人际互动的发球权。你可以选择对谁多一点礼貌、多一点距离；可以选择对谁多一点爱、多一点亲近。有了分类，于是有了区分，因为有了亲疏远近的区分，能量才有集中投注的可能。

我作为咨询师，在帮助学生时，常会看着眼前因为人际关系而受苦的孩子问：

“有没有哪个朋友，你想把他从黄移动到橙的？你想做些什么来移动呢？”

“哪个朋友，你想要移动他的位置？移向橙色、红色；

还是往绿色、黄色移动？”

“哪个朋友，你觉得是时候了，让他往外移动，移到篱笆外面？”

从另一个角度来看，当我们想要进入一个人的世界，通常都是从远方的草地开始慢慢走向城堡，空降通常是不会发生的。于是，当我们用心听懂一个人的想法与情绪（像是害怕、吸引、挣扎、失落、紧张），并且能把懂了的内容，让眼前的人知晓，也就是做到初级同理心的响应时，我们就有机会越过草地上的篱笆。

越过围篱，接下来的护城河难度就比较高了。走进护城河，其实没有诀窍，因为信任与安全感大都是靠“革命情感”的生命互动才有机会存在的。因此，花时间、花力气真的和朋友一起去经历种种，红色的情感，才更有机会存在。所以啊，可以自由进出城堡的老朋友真的很珍贵；同时，也知道新的朋友在接下来的人生里，在发生一个个故事之后，真的有成为老朋友的可能。

/ 开启滋养自己的活水源头 /

人要能相处，必须先不彼此害怕；要不害怕，必须先彼此了解；要能了解，必须先彼此沟通。启动了接触，就有了沟通的可能。

现实治疗大师威廉·格拉瑟（William Glasser）有个很经典的论点，他认为：人的心理问题，几乎都与“关系”有关。这个论点背后的逻辑是：如果一个人有困难拥有亲近的关系，那么他的心理问题就很难不存在。我挺赞同这个说法，换个角度来说，我常常看到健康快乐的人，他们有一个共通点，就是拥有亲近的伴侣关系，还有舒服的朋友关系。

重点是，要如何与人亲近呢？我有一个小秘诀，是很简单的行动指引，叫作“启动接触”。来说给大家参考看看。

回想起自己十九岁，在电机系读书时，一群会读书的孩子聚在一起，但都挺不擅长约会的。印象很深刻的是，约女孩子出来聊天吃饭，都约不到第三次。第一次、第二次可以约成功，但是第二次之后，不论是打电话约、去女生宿舍门口等，再怎么约也都约不出来了。

有一次，在湖边遇到一位很聊得来的数学研究所学姐，我常请教她怎么和女生聊天。学姐听了我的问题之后，给了我一个很有水平的诊断，她说："学弟，你不会问问题。"

是这样喔？十九岁的我很会讲笑话，但是不会问问题，对耶！还记得十九岁的我，就这样开始努力学习，怎么跟女生聊天，怎么主动提问，问出挺白痴又挺有诚意的问句："哇！你的头发好香喔，你是用什么牌子的洗发精啊？""好多信喔，怎么会有那么多朋友写信给你啊？"（那是一个还没有电子邮件的时代，大家都写真的信。）

对人好奇，提出问句，是与人接触很重要的开端。

启动与人的接触

前几天，买了二手 DVD，在家里重看老电影。我很喜欢把有感动的电影再看一次，因为每看一次，就多感动一次、多回味美好一次。看到田中千绘去机场接日本歌手中孝介，上了小巴士那一段。中孝介从后座用手机拍了田中千绘惆怅的侧颜，然后轻轻巧巧地把手机画面移到田中千绘的眼前，温和地问："你为什么发愁呢？"

那声温柔的“你为什么发愁？”震撼着我。两个才刚在机场相遇的人，因为那句小声温柔的关心话，就开启了接近的可能。

我到十九岁时，才开始学习用问句来与人接触；而我们家的黄阿赧小妹妹，不知怎么学的，三岁就会了。

有一次，和一群朋友合作带领工作坊，结束的傍晚，五六个好朋友一起到大学附近的小店吃比萨。一群人痛快地吃着美味的食物，开心地聊着两天来发生的精彩与触动。当时三岁的黄阿赧小妹妹原本在一旁东摸西摸，一下子靠着爸爸，一下子开心地吃比萨，突然她主动地参与了我们的聊天！

黄阿赧站在桌脚，抓住了一个我们热烈说话的小空当（一群讲师聚在一起说话是很难有小空当的），用了很有水平的发语词开端，瞬间与大家产生接触。她语音上扬地对着叔叔、阿姨说：“诶！你们有没有去过科博馆？”原本激烈说话的场面，突然全场安静，因为小妹妹主动参与了我们。大约五秒钟的诧异空白之后，一群专业的心理治疗师，都很有诚意地此起彼落地赶紧回应说：“有！我们有去过，有啊！你喜欢科博馆喔？”

停了三秒钟，小妹妹思考了一下，又出招了。黄阿赧小妹妹再度发问：“那你们有被当过吗？”这下子，大家就不知该怎么回答了！祺堂叔叔读书时都是全勤，哪有被当过的经验！还好，到英国读研究所中辍的宝如阿姨有经验，她发现现场只有自己有这样独特的故事，所以非常积极地回答说：“有。宝如阿姨读书有被当过。”

在一旁已经笑出声的我，赶紧接话：“黄阿赧问的是，你们有被烫过吗？因为她前两天被摩托车排气管烫到啦！”（黄阿赧的国语处于超可爱阶段，她每次说”我要来看一看”，都会说成很有力量的“我要来干一干”。）

哈哈，这样一来，大家就都能回答了。在台湾岛长大的孩子，谁没有被摩托车排气管烫到过呢？所以，叔叔、阿姨又都很高兴地响应说：“有有，我也有被烫过。”这么一来，原本在一旁无聊的小女孩，瞬间就与大家有了联结。

一个问话，开启了一个接触，甚至创造了一点点的亲近感，而黄阿赧小妹妹所做的，正好就是“启动接触”。

启动接触，在长大以后往往越来越难，因为太多的挫折经验，让我们决定“算了，不要主动了，不然又要挫折难受了……”可是，不主动地启动接触，人和人就失去了接触的可能。启动接触，可能挫折；同时，也带来亲近的机会。我的做法就是：管他的，多试几次，总有一两次会开启亲近的可能。就像萨提亚说的：“不要怕做梦，多做几个梦，就会有几个梦想一不小心实现了。”我带着这样的心情，去启动与人的接触。

用行动来发动接触，启动亲近的可能

有一个星期日的早晨，我因为刚从澳门工作回来，想在家里好好休息。难得星期日在家，没有出门工作，最开心的就是我女儿黄阿赧。那天一时兴起，我用网球拍的握把在主卧室里布置了一个“印第安人偶保龄球道”，用网球滚来滚去，朝着玩具人偶、动物打，黄阿赧小妹妹手脚灵活，超厉害的，我们父女俩玩得好开心。

玩到下午一点多，三岁的小妹妹是不会累的，但年过四十岁的我，已经累了。我说：“爸爸累了，要休息喽！”黄阿赧小妹妹当然不答应，我只好又说了一次，然后站起身子走去厨房，倒水给自己喝。

喝完水，一转身，女儿走到我身边，拉着我的手走进主卧房，然后指着摆好枕头的床说：“爸爸，我帮你把灯关了，枕头放好了，你可以休息了。”我眼泪要飙出来了……好直接的善意啊！这么小的孩子，就学会好单纯地对爸爸好，去把灯关好，让房间变暗，让爸爸可以休息睡午觉。这也是启动接触，用单纯的行动来表达善意好心。

启动接触，好像很难，其实不难。想到了，就去做。想念一个人，去说；思念一个人，去写信；想煮东西给谁吃，去煮；想跟人说话，去打电话；对身边的那个人好奇，去问。让我们用行动来发动接触，启动亲近的可能。

马丁·路德·金曾说：“人与人不能相处，是因为人们彼此心存害怕；人们感到害怕，是因为彼此不了解；人们有这样的不了解，是因为彼此没有好好沟通。”要能相处，必须先不彼此害怕；要不害怕，必先彼此了解；要能了解，必先彼此沟通。最后，我要再加上一句，“启动了接触，就有了沟通的可能。”

3

第三部分

迎向真实世界的挑战
——在风雨中站稳

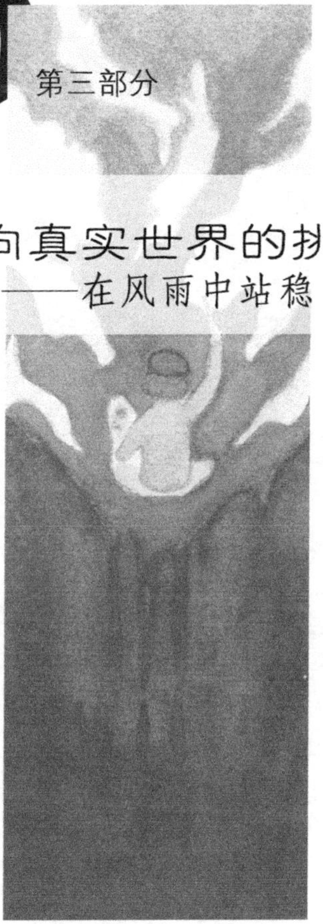

/ 在生命的河流里，时时回到中心 /

在生命的河流里，选择一个新的停留位置，回到中心。月亮的温暖，会柔柔地传进来；星星的轻轻眨眼，会清楚地看见；水滴落在水面上的那份清脆，也会听见。

老天决定生命的河流流向何处；而人，可以选择的是停留的位置，因而可以看见月亮、遇见星光。

刚开始教书的前几年，开车上高速公路之前，我喜欢绕一小段路到台中大里一家小小的饭团摊子。这摊子有个美丽的名字，叫作“幸福饭团”。摊子有着粉色系的图案设计，新鲜的豆干肉松配料，最重要的，动手捏饭团的是我前一年在夜间部教的社工系学生。她是一位长得干干净净的二十二岁女生，很舒服、很单纯的能量。我最喜欢她的眼光穿过我的车窗格子看到我，然后认出我的那个表情，她的笑容会在一瞬间绽放，并开心地叫："老师!"这个刹那的停留，好美。

这个早晨，因为我选择了绕一小段路来到这里，于是找到幸福。

什么样的停留，会带给生命美好

在两个女儿还没有出生之前，我有很多时间可以做趣味的事。记得有一次整理书房，看见堆积了好久、好多一元的硬币。看着堆起来像小山似的零钱，我决定在吃早餐前，先去银行把零钱换成整钞。骑着摩托车，像个小男孩的心情，捧着一桶的零钱，走进感觉比平常大好多的银行！我在正门口一进门的地方，站定着没有移动，然后东张西望，身体好像在说："去哪里可以用这一桶零钱换到赠品？"

对我来说，这些钱好像是多出来的，就像是不劳而获的赠品一样。门口的警卫，看看我的一桶零钱，说："四十一号柜台。"哈哈，我什么都没说，就有热心人士指点我换赠品的地方，然后我就倒出零钱，换了九百五十九元！这个早晨，我知道换零钱可以带给我快乐，所以，我选择在固定的日常流程里，加上了这个"赠品之旅"。

教书的岁月里，我特别喜欢两堂课之间的空当。有一回，忘了在哪一堂课和哪一堂课之间的下课时间，我坐在讲台的椅子上，远远看着一位我喜欢的学生。大约二十岁的她，新烫了头发（大卷的喔），远远地我用手势，无声但生动地表达"你烫头发了啊！好看喔！”二十岁的女孩笑了，知道我关心着她。在短短匆忙的下课时间，我选择用无声的手语，传达我的关爱。让自己停留在付出爱的行动里，其实是很美丽的。

我们选择停留的位置，是活得好或不好，很重要的关键。有意思的是，人一忙，就容易忘记什么样的停留会带给自己的生命更美好的可能。

在我的专业生涯里，有两段日子最忙。一段是写博士论文的时候，一段是刚去大学教书、每天都忙着搜集资料备课的时候。在这两段最忙的日子里，我都出现了一模一样的行为模式——就是除了忙碌的工作时间之外，我几乎把所有剩下的时间都拿来研究股票和基金。于是，我停下来问自己：“怎么了？”“为什么忙起来的时候，就会出现看股票、看基金的行为？”

原来，因为生命里主要的能量被教书、备课、写论文给消耗掉了，而仅剩的一点能量，不足以读一本好书、不足以去看一场电影，甚至不足以跟伴侣好好说说话。只够让自己盯着计算机屏幕上持续更新的股票基金数字，下单，分析走势，于是开始形成一个越来越累的小旋涡。

回到中心，重拾平静的方法

我猜很多朋友忙碌时，心里会发生这样的流程：

因为忙，所以累；

因为累，所以没有力气做提升能量的事情；

因为没有做提升能量的事，所以能量逐渐下滑；

于是，继续忙，继续累；

然后……觉得整个空间都被压缩了，到后来就透不过气来。

一旦发现自己在这个旋涡里，需要的是“回到中心”（centering），赶紧喊“停!”回到中心。这是吉利根博士很强调的修行方法，是一种不太紧，也不太松的状态（not too tight，not too loose）。在这个状态里，会有一种特别的专注，同时拥有放松与专注。有时候，把手放在心口或肚子，然后慢慢地做一个深呼吸，“回到中心”就会发生。该如何练习回到中心呢？

方法一

慌乱紧张多的时候，会需要多一点时间与方法来“回到中心”。这时可以问自己：“我的注意力现在在哪里？”如果在别的地方，邀请注意力回来。怎么回来？把一只手轻轻温柔地放在心口，深呼吸，邀请注意力（觉知的自己）从头脑往下降，然后把另一只手放在肚脐的地方，再做一个深呼吸，邀请自己往下，回到中心。

方法二

触摸身体有曲线的部位，是“回到中心”另一个很容易操作的方法。人的身上有很多有曲线的部位，像是脖子、耳背、腋下、腰部、膝盖后方、脚底，当我们用自己的手轻轻地抚摸这些部位，然后自然地深呼吸，常常就能在很短的时间内回到中心。我自己最常做的是，闭上眼睛，背脊自然坐正，把左手放在头发顶端，然后轻轻地、慢慢地往下滑，接触皮肤，慢慢地经过左耳、左耳垂、胸口、肚脐……接下来，换右手从头顶，滑过右耳、右耳垂、胸口、肚脐……常常只需要短短的五分钟，心就可以安静不少。

发现自己离开中心时（例如被生气淹没时），可以深呼吸，问自己："我要继续活在生气爆炸的世界里，还是试试看回到中心？"回到中心的做法，还有好多选择——像是静静地散步、忘我地跳舞、挥汗打球、舒展身心的瑜伽、与水合而为一的游泳、接近内在的画画、读一本可以静下来的书、听会让你闭上眼睛的音乐、和好友聊天彼此陪伴，或者在阳台整理花草，为日渐贫瘠的盆栽换上有机土。

回到中心并不难，但要实际去做，找回那个修行的自己。而股票、基金，我还是会看、会研究，不过得控制好时间，因为那个旋涡，只要不太沉迷，就不会形成。

在生命的河流里，选择一个新的停留位置，回到中心。月亮的温暖，会柔柔地传进来；星星的轻轻眨眼，会清楚地看见；水滴落在水面上的那份清脆，也会听见。

/ 生命的精彩度 VS. 轻松度 /

······························

参与式休闲的主动投入参与，让我们动起来有活着的感觉；单纯躺着休息享受的旁观式休闲，让我们得以休养生息。生活里，让两者都有，会更快乐。

······························

有一回，我连着两个周末带一场四天的“隐喻与解梦”工作坊，出乎意料地发现，成员里有好几位是企业主、执行长、高阶讲师。他们在忙碌的行程里，还能腾出时间来学习新东西，如此强的学习动机，引发我的好奇，“他们为什么不用周末的时间享受轻松悠闲呢?”

与轻松悠闲很不一样的，是充实。我有位很有智慧、电机系双修数学系的大学同学，曾跟我分享过一个关于充实怎么发生的数学公式：

充实感＝投入＋体会投入之后的结果（回味）

追求轻松的人，常常为了要早一点休息，要保留一点力气，于是匆忙离开原本可以投入的事情。因为匆忙离开，一不小心就失去了投入的可能，因此少了充实感。就好像打完一盘网球之后，急着回家休息，因而少了打第二盘比赛的尽兴与快乐，同伴边收球具边回味刚刚战局的开心，也跟着不见了。

更换自我对话，更新人生阶段

我读书很拼命，那是一段勤奋向上、努力不懈的岁月。长大以后常听母亲跟别人说，小学放暑假的时候，我每天早上都会自动先写好暑假作业，然后才去玩；初中、高中六年的日子，我都是下了课回家先睡觉，然后半夜起来读书。真的不懂自己年纪小的时候到底在想什么，怎么会努力成这样……

不知道是不是小时候太用功了，读完硕士学位以后的我，常常会不自觉地想让自己轻松快乐一点，那些忙碌操劳的事情对我来说，总是有困难接住。可是，人算不如天算，老天爷似乎总是要我们学点新东西，人生走到了有两个女儿的岁月，照顾一家大小绝对不是轻松愉快的任务，于是悠闲这个名词，“咻”一声就消失在远方了。

怎么办，怎么面对新的人生变化呢？

遇到人生阶段的新变化时，来检查一下“自动化内在对话”是个好选择。于是我问自己，平常想要悠闲、不想太累时，我心里的对话是什么呢？“这样会不会太累？怎么才可以轻松快乐？”因为自己已进入人生新阶段了，这样的自我对话只会让我困得更死。时候到了，要换自我对话的内容了，来用一个新的自我对话句型：“今天这样过，会不会有意思？”

这个新的自我对话，是拿生活的“精彩度”，来取代生活的“轻松度”。自我对话句型改变了，就是心里头下了一个新决定，决定接下来的几年要来这么过日子。

怎么玩，会开心又充实

关于悠闲与充实，有个很好的角度可以多探索一些。最近学到两个新名词，一是“参与式休闲”，二是“旁观式休闲”。参与式休闲，用我的话来说，就是“会累，但有意思的休闲娱乐”；旁观式休闲，就是“爽爽地让人服侍的享乐”。

先来谈旁观式休闲，像是按摩、洗头、做脸、到五星级饭店泡汤、吃下午茶、看电影……如果平常很忙、很忙，偶尔来个“爽爽地让人服侍的享乐”，当然是很快乐的喽！但是如果一年到头，除了忙工作之外，就只有旁观式休闲，那么就容易落入“工作忙赚钱，休息忙花钱”的状态。这种休息，旁人看来觉得你应该很爽，可是休息忙花钱的人在花了一段时间之后，常常因为边际效应递减，而渐渐失去了满足与快乐。就像吃惯了高级美食的人，有了品味美食的能力，却失去了单纯的享受与快乐。

从另一个角度来看，人有两种快乐的方向，一是Comfort，二是Fresh Air。Comfort，就是被动式的舒服享受的休闲，也就是旁观式的休闲；Fresh Air，就是有投入、有付出的休闲，也就是参与式的休闲。

Fresh Air，直接翻译就是“新鲜的空气”，像是露营、做木工、打网球、爬山、粉刷家里、做菜给家人或朋友吃、游泳、健身……这些参与式休闲，其实自己知道，只要去做这些事情，快乐是很稳定可以到来的！爬山看日出时，有时候会问自己，干吗那么累，然而，爬到山顶吸到新鲜的空气，真的会有一份很特别的喜悦。做木工，有时候努力做老半天偏偏接缝衔接处不吻合有误差，不禁会问自己：“干吗不去宜家买就好了？”然而，真的完成了作品，挥汗之余，总有一份形容不出来的开心！因此，要记得在生活里多安排一些参与式的休闲活动。在休闲生活里，有一份投入，有一份付出与参与，如果里头还有一份与人的互动，那就更多满足了。

那天，太太说要帮客厅换个颜色，想要刷油漆，我心里嘀咕着（当然没有说出来）：“家里事情都忙不完了，哪里还有时间刷油漆，请人来漆不就好啦？”嘀咕归嘀咕，我太太很有个人风格，不是我心里嘀咕就会改变的（所以才没有说出来啊）。于是，挑颜色、买油漆，调油漆颜色、买梯子，贴边缝胶带……太太带着女儿黄阿赧，大剌剌地刷起了油漆，这画面还真是好看！

这就是超典型的参与式休闲活动呢！超有创意的夫人，在刷油漆之前，还开放了超好玩的游戏，让两个女儿黄阿赧和黄毛毛小妹妹，可以在客厅墙壁上恣意地涂鸦创作。（之所以要在刷油漆之前开放这个活动，是因为后来就会整个盖掉啊！）

参与式休闲的主动投入参与，让我们动起来有活着的感觉；单纯躺着休息享受的旁观式休闲，让我们得以休养生息。所以，调整一下比例喽！让两者都有，这样玩，说不定会更快乐喔！

/ 不论成败对错，我用心准备 /

眼光，除了关注成败对错以外，也可以好好停留在“用心准备”的过程里。用心准备是一段，看结果揭晓是一段。即使结果没有很顺利成功，用心准备的过程里，喜悦与满足并没有打折。

我常常被求助的学生或个案问道：“老师，遇到这么多难受的事情，我很想平静下来，慌慌乱乱地好难受喔!”这里就来说说这个部分——受困途中，如何得以平静?

在一个很平常的秋天傍晚时分，还不到六点，夕阳快下去了，天光还有一点点亮，我骑着摩托车在不怎么宽但很舒服的台中市忠孝路上慢慢行，突然我看见了像是电影里带有美丽配乐的慢动作镜头。

忠孝夜市的摊子，一摊一摊正在准备着食材，客人还

> 没有排队上门。摊子里，一双一双的手，舀汤、下盐巴、撒芝麻，专注的眼睛，专注的手，准备着一晚的丰盛；我看见了一张张美丽的脸，因为单纯平凡的专注，而让时间停格了的美丽表情。

我被这个画面给震撼住了。

在这些平凡人们用心专注的准备里，我读到了很深的平静。

学习心理咨询的路途里，有个被说到烂了的说法，叫作“过程比结果重要”。什么叫作“过程”，我很不喜欢这样的外来语言，因为就算搞懂了定义，外来的语言还是让我无法有感觉地学起来。这个傍晚，在忠孝夜市的电影停格画面里，我找到了自己的语言来说这个重要的观念：“用心准备，比成败对错来得重要。”

用心准备的过程

十几年来，我一直在找有什么可操作、可复制的行为，能稳定地带来快乐与满足。终于，被我找到第一个了！这个可操作、可复制的行为，就叫作“用心准备”。

我们常常很看重成功与失败，于是，从开始到宣判结果的路途里，就提心吊胆，时而慌张，时而有压迫。如果眼光总停在成败对错的结果端点，我们很难快乐满足。那眼光要停在哪里呢？眼光，其实无法从成败对错那里移走的。为什么？因为我们都是凡人，我们当然会在意。那怎么办？

关键就在于眼光停在哪里。除了关注成败对错以外，要记得也可以好好停留在“用心准备”的过程里，这也是并存的概念——“是的，我在意成败；是的，我也享受用心准备。”

因而即使没有很顺利成功，用心准备的过程里，喜悦与满足并没有打折。也就是说，这里有个很重要的分段系统：用心准备是一段，看结果揭晓是一段。两段可以有两种心情，而这两种心情可以在内在的世界里，独立存在。不会因为结果的不尽如人意，准备时的充实感、投入感、满足感就不存在了。

有一次，我和太太带女儿从台中到台北娘家，三个小时的车程里，黄阿赧小妹妹突然问妈妈：“妈妈，为什么我想要吃什么，你都有啊？”（一路上，黄阿赧小妹妹要过水、梨子、养乐多、小饼干、柚子……）

我亲爱的太太开心又得意地说：“因为妈妈有用心准备呀！”

如果用心准备的过程有平静，用心准备的结果又被感谢，这样的平静与被感谢的并存，我们称之为“幸福”。

用心的过程，平静满足已然完成

我在台中有一个工作室，一直以来很享受的一件事就是：

在工作坊开始前，到工作室去整理环境。十点才开始的工作坊，我常常八点多就到了，把门窗打开，让空气流动，扫地、拖地，洗净成员们要用的杯子，煮开水……这些再平凡不过的事情，我常常可以很安在、很安静地用心去做。

有时候，阳光从前阳台洒进来，我依着光线捡拾遗留在地的长发，用手指捏起细细的发丝……这个时候，很安静、很平凡地用心准备，用心准备着迎接工作坊成员的到来。有没有人知道我做了这些，说真的不重要。因为在我心里，时间的分段，已经很清楚地发生了。

平静满足，在用心准备的时候就已经完成了。不管有没有人知道，不管有没有人感谢，不管有没有人欣赏，我都已经享受了平静与满足，甚至有一丝丝的轻松快乐。

最美好的部分是——“用心准备”是我可以控制的。我没有办法控制别人喜欢我，我没有办法控制别人是不是喜欢上我的课，可是我可以控制的是，在这个早晨，没有任何一个人看见我的早晨，可以这么全然地用心准备。

因此，面对即将来临的生涯规划研讨会，我想到的不只是自己这个年轻的讲者，到时面对咨询前辈会不会表现失常，我想到的还有我要用心准备。我要用心准备讲义；我预想成员的组成、可能的需求，构思怎么设计可以让成员学得最清晰，学后用得最顺畅。这样的眼光投注方向，让平静可以依然在。

2010年，我花了一整年时间整理过去十几年的隐喻与解梦治疗的经验，着手设计“梦境智慧探寻卡”（解梦卡）。依稀记得我一个人坐在大学旁边安静的书店座位，用心地斟酌解梦卡里的一字一句。每张卡片，除了主要的解梦句型之外，都加上梦的例子，再加上精心书写的解梦秘籍与解梦心法。这样的用心准备，让我每一天都拥有满足与平静。解梦卡推出之后，会不会成功，我不能预测。但是，我可以操作、可以复制的是——持续用心地思索与书写。

所以，在受困的路途里，可以嗷嗷叫；嗷嗷叫的同时，可以用心准备。用心准备储备战力，期待一举突破困境；用心准备，安顿自己，期待下一个生命的契机；用心准备，学会看得见别人的难，也看得见自己的难；好好专注地看见自己的难得，也看得见别人的难得。

这么一来，平静，会不会真的就悄悄地来了。

/ 这一步，要怎么下得最漂亮？/

曾在朋友的博客里，看见这么一段话：“西洋棋专家和西洋棋顶级大师的差别在于——专家会想，下面的几步棋要怎么走，而西洋棋顶级大师想的是，这一步要怎么下得最漂亮。”看到这句话时，我的心头震了一下！随之深呼吸。是的，要活得好，真的要知道，“这一步，我要怎么下得最漂亮？”

年轻的棋士专家，的确用尽心思去学会推算接下来的五步，甚至十步棋路。推算、计划，是生涯规划里的重要元素，同时，学习回到这个当下时刻，想着“我这一步，要怎么下得最漂亮？”也是不能忽略的好眼光。

“这一步，要怎么下得最漂亮？”翻成白话文，可以是“这个时刻，做什么会让我活得最健康？”也可以是前文提到的“这个时刻，做什么会让我最快乐？”或者“这个时刻，做什么会让我最喜欢我自己？”，这是好简单又好难的行动，因为问了自己之后，真的要去做。

“算红豆”

打电动很容易，在社交网络上浏览很容易，逛街买东西轻松又容易……

去游泳池游泳挺难，去爬山露营很难，打电话约朋友出来说说话很难……

那些容易的事，常常让我们离开成长的道路；而那些难的事，其实也没有那么难，怎么让这些难的事变简单呢？我有一个小法宝，叫作“算红豆”。

“算红豆”是我在学生时代的私房小方法，还记得当年我在美国马里兰大学念书时，卧房兼书房的窗台上，我放了一个装满红豆的透明玻璃瓶，玻璃瓶旁边有个可爱的小碟子。每次我做了让自己更喜欢自己的事情，就会从装满红豆的瓶子里拿出一颗红豆，放到小碟子上。如果自己做的这件事，让我健康、快乐又多了自信，也就是一举数得的健康行动，我就会抓两三颗或一小把红豆放进碟子。对我来说，一举数得的健康行动，包括鼓起勇气和指导教授约好论文讨论的日期与时间，把让我沉迷数日的电玩软件丢到小区的大垃圾车里，一连三天都打网球运动流汗。

每隔三周或一个月，我会看看碟子里的红豆。如果很少，就提醒自己，要多做些会让自己健康，且更喜欢自己的事情。如果红豆很多很满，就知道自己扎扎实实地为自己的成长负起了责任。即使有些日子并不好过，看着碟子里满满的红豆，我至少知道自己已经很努力在照顾自己、滋养自己了。慌乱，就会少一些，因为越胡乱过日子，成长的过程就会越多慌乱。有了红豆，一颗一颗地计算着自己的负责与投入，一天一天的累积里，就更有机会长成我们想长的样子。

带着走的内在花园

在我的博士论文里，年轻的大学生小玲（代名）曾说出一个很美的滋养自己的隐喻，叫作“带着走的小花园”。小玲因为情感困扰，和咨询师谈了两个月，在面谈结束前，她们回顾着两个月来的咨询过程。

> 咨询师问小玲：“这一段时间里，你自己有没有什么变化？”
>
> 小玲这么说：“我自己有一座花园，里面种了很多五颜六色的花……因为我都去照顾小盆栽（男朋友），然后我自己的花园就荒废掉了。”
>
> 咨询师问：“在这里你被（小盆栽）绑住了，如果你再谈一次恋爱，你的花园怎么办？”小玲表示自己的这座花园是可移动、可以带着走的。最后一次面谈时，咨询师

画了一幅有轮子的小花园画，送给小玲。

小玲自己说的话语最生动了：“我的花园是带着走的，当我要去照顾别人的时候，我可以顺便照顾自己的花园……而不是‘咚咚咚’地跑去照顾别人，然后自己的花园就……不理了。”

生活中，当小玲做了件自己喜欢做的事，或是做了一件让自己觉得比较独立、更贴近自己的事时，就会高兴地转过身，丢颗种子到自己的花园里。

如果我们都有自己的一块土地、一座花园、一片山坡地，那么我会如何一天一天地耕耘、挖土、引水灌溉？这块土地，这片园地，只有你亲手耕耘，才会真有丰收的可能。要怎么做，才能寻得好种子，在合适的天光雨水下，好好地播下种子？我用一颗一颗的红豆，累积一个又一个更喜欢自己的故事；小玲用一个一个有力量的行动，来丰富自己带着走的小花园。说不定，你也可以回头看看你的花园、你的那片土地，现在长什么样子？

好不起来，怎么办？

遇到心理或身体的困境时，有两个解套的方向：一是用行动取代思考，把担忧的时间力气拿来问自己：“来做点什么好？”二是接触更深的自己，拥有更深刻的觉察与对自己的懂。

我小时候体弱多病，听母亲说三五天就要去一趟医生馆。模糊的记忆里，隐约记得自己不舒服时，常常在大通铺上翻来翻去。可能是因为这样，我很怕生病感冒，每回身体一不舒服，就好像天都要塌下来了一样。

结婚之后发现，当夫妻俩一起感冒的时候，我太太只是偶尔难受“唉”一下，其他时候很正常。而我却从喉咙痛的第一天开始，就像快要淹死的鸡一样，痛苦挣扎。有次在浴室跟太太聊天时，我好奇地问：“你感冒难受的时候，是不是不会去想接下来有多难受？”太太刷着牙，很帅气洒脱一点都不犹疑地说：“对啊！干吗想接下来？”

被担心淹没了，怎么办？

从那一刻起，我才知道原来不是全世界的人都跟我一样，会这样不聪明地“未雨绸缪”。发现自己感冒了，在一开始只有喉咙痛的时候，就担心后来可能会来的头晕或其他的不舒服，于是我的痛苦就加成了。这就是一不小心自动化地把“明天可能的负担与痛苦”拿来今天品尝。这样的未雨绸缪，让生活变得辛苦，也让满足喜悦的可能被挤走了。

那可以怎么办？

可以练习的新习惯是，知道我现在有这个症状，单纯地停留在这个知道，然后问自己，“我身体好好的时候，这个时刻、这个地点，我会做什么让我更快乐？”然后就去做，以具体行动取代空想担忧。

当我问自己："如果身体好好的，我会做什么事情，让自己的生活好玩或快乐？"脑中出现的答案是："我可以煮汤给一家子当晚餐加菜啊！"然后就开始在厨房里熬煮排骨玉米汤，在厨房一忙起来，就忘了本来的烦恼了。喝喝热汤，又挺舒服，又可以让太太轻松一些，也让女儿喝到爸爸熬的好汤头，真是一举数得！

从心理学的催眠暗示角度来看，人越去想可能接踵而来的身体不适症状，就越容易出现这样的症状。但事实上，身体的病症或不适，并不像我们想象的有一定的流程与先后，所以，如果我们用行动取代了烦恼思绪（也就是触发进一步的症状产生的思绪），就有可能跳过不少难受与负担，更快速有效地康复。

要用行动取代烦恼，就需要先有触发行动的自我对话问句——"来做点什么好？"用这个有力量的问句，取代原本的"糟了，又感冒了，接下来几天惨了……"

为什么要用行动来取代担忧的自动化循环？从压力管理的专业角度可以看出端倪来。压力管理非常强调运动的重要，因为人在运动时，很难同时担忧思考。你可以想象自己正在棒球场上镇守游击位置，如果要接住一颗打击者击出的强劲滚地球，你一定没办法一边移动身体手套去接球，一边还想着本来心里的担忧烦恼（如果你在担忧烦恼，你就会被球打到，而不是接住球、帅气地快传一垒）。透过身体的活动，中断、取代了原有的烦恼循环。所以，当你真的能够花时间去运动时，大脑的担忧循环就自然停了下来，于是有了休养生息的可能。

“来做点什么好？”是一个典型又好操作的行动引出句型。因为当你这样问自己时，大脑就会自动去想可以做的事情，而当你开始行动时，原本的担忧就被挤走了。使用这样的行动引出句型，持续练习几次以后，这样健康的取代模式，会逐渐变成一种不需要思考就能有行动的新习惯。

/ 心情好不起来，怎么办？/

透过写书，有机会让自己再更安静点。聆听内在的自己，醒来的热情去了哪？在生命的这个时刻，渴望着什么？

我有位好朋友，经常喜欢背着背包到印度、西藏旅行。她是一位很特别的小学老师，有好一阵子她困境连连。有一回我们在 MSN 上遇到，她说着自己的状况："这几天我开始写日记陪自己。很多年没写日记了，想起写日记可以让自己慢下来、安静下来，是陪自己的方法，一点一点踏实地陪自己。初中、高中和大学时，我都是用写日记陪自己。所以，把这老方法找回来了。"

我听着听着很有感觉，就起了头，说了一个小故事："我们在野外看稀有鸟类的时候，一定不能只是一直去找稀有鸟类。要先静静地看眼前飞来飞去的那些常见的鸟，像是白耳画眉、栗背林鸲；看林道的树木、昆虫、青蛙；安静地看一般的小东西。然后，安静了十分钟、二十分钟、半小时，因为安静了，稀有鸟类就出现在眼前。我有一次在大雪山 210 林道赏鸟，一天之内，看见白喉笑鸫、蓝腹鹇、帝雉。这三种鸟，赏鸟界称之为‘白兰地’，都是稀有鸟类，很不容易看见的！”这是真实的故事，也是一个好隐喻。因为自己慢慢安静了，周遭也跟着安静了，稀有珍贵的东西就自然出现了……听起来，写日记是属于你让自己安静的好方法，是一个贴近土地，着地扎根的方法。透过写日记来安静自己，然后自己其他的内在资源自然会跟着来。

临床上，遇到心理或身体的困境时，有两个解套的方向：第一个方向是用行动取代思考，做法就是前面说过的，把担忧的时间、力气拿来问自己：“做点什么好？”透过这样的行动引出句型，让行动取代烦恼；第二个方向是接触更深的自己，拥有更深刻的觉察与对自己的懂。《地海战记》这本书里，有一句名言：“要聆听，必先静默。”安静，才有了大大的空间，让对自己的懂可以浮现。

有了博客以后，大家都不太写日记了。

有了社交网络以后，很多人都不写博客了。

有了电子邮件以后，写卡片、写信的人变成少数族群了。

写日记、写博客、写卡片、写信，透过书写有机会让自己再更安静一点点。聆听内在的自己，本来的热情去了哪里？在生命的这个时刻，渴望着什么？

/自由的花，开在自我要求的土壤上/

一味追求自由，会跌倒、会受伤；一味自我要求，会严肃、给人压力。拥有规律的自我要求，加上允许自己自由移动，人生就有机会创造出美丽的花园。

我太太从小在台北长大，有一群真挚可爱的前辈疼爱照顾，其中最常提及的有两个叔叔，一位是老欧叔叔，一位是小区叔叔。

简单朴实、自由纯真的小区叔叔

那天，我刚带完花莲女中举办的辅导知能研习，在海边的可爱民宿里，我和太太正要开始度假，竟然巧遇岳父大人。岳父和小区叔叔是四十几年的老朋友，于是我们一起在路边停车接了小区叔叔。小区叔叔一上车，从破破的包包里，拿出了三颗西红柿，然后说：“这是自己长出来的，不是我种的。”我一辈子第一次吃到自己从土里长出的西红柿。

走在海边，小区叔叔又从旧旧的包包里，拿出一颗小石头跟我太太说：“我没有参加你的婚礼，现在送你一个小礼物。”那是一颗有点接近圆形的花东海岸常见的扁平石头，上面有美丽的题字，写了一个“爱”字。我一直都听说小区叔叔很会写书法，简单的一个字，真的是艺术家的作品。

小区叔叔一举手一投足，都是哲学家、艺术家的风范。小小的旧包包，可以拿出三颗自己从土地里长出来的新鲜西红柿；小小的旧包包，可以拿出随手创作却让人想珍藏的好礼物。我想珍贵的，是那颗自由的心。小区叔叔写过一本书，叫作《越少越自由》，那是一种我向往的生活典范，外在需要得越少，内在就越自由。

晚餐的时候，七十岁的小区叔叔把盘子上装饰用的生菜叶，一叶一叶夹进他的碗里；垫在烤松阪猪下的豆芽菜，也进了小区叔叔的碗里。没有矫情，没有特意，是生活的真实样貌。这个画面，我看在眼里，接收到心里，深呼吸了好几回……简单朴实的生活，让一个七十岁的前辈，看起来如此纯真。眼前这个可爱的长者，二十年前义无反顾地离开高薪的南亚塑料工程师的工作，离开繁华，走到盐寮海边后，就未曾间断地过着如此简单的修行生活。

我们开心地吃完晚餐，一行人走出餐厅，准备搭车去吃西瓜大王。在骑楼旁，小区叔叔很和蔼地跟我这个后辈说："做心理的，还是自由的好。"

淡淡的一句话，却大大地震撼了我。

身边鼓励我的人不少，但是，这句话回荡最久——做心理的，还是自由的好。不就真的是这样吗？没有自由，我哪里能够好好专注地产生好的创作；没有自由，我哪里能够配着音乐，在工作坊里说出动人的隐喻故事。小区叔叔一句短短、没有废话的话，就这样支撑了我！

自由，不是漫无边际地活着；自由，如果是一棵树，那么让树好好长大的土壤就是心甘情愿的自我要求与规律。我想，小区叔叔一个人住在花莲海边，一定不会自由地乱睡觉；我猜，他有喜欢的散步小径；我猜，他有喜欢说话的人；我猜，他有最喜欢采收的土里自己长出来的野菜。

锻炼自己内在的支撑力

很多认识我的朋友，都觉得我是个自由不受拘束的人。听我说过隐喻故事的人，有时候会挺赞叹，音乐一放，我的内在就会开始自由流动，然后好听的故事就这么自然地涌出。自由的我，是一棵迎风摇摆的树；而长时间规律的自我要求，是滋养我的土壤。

没有自我要求的规律而只要自由，那就会松散人生，甚至让身边的人受苦。2000年到2012年，我很规律地每年带六十到一百场工作坊，十二年里一共带了七百多天的工作坊，这是规律的自我要求。生活里，好朋友们都知道我每星期打两到三次网球，十五年没有间断。我还有一个很好笑的规律生活，就是每星期都去发廊洗头。因为我知道，我的创意来自我的头，而我的短短的平头被洗了按摩之后，会火力全开地发动创作的可能。

一味追求自由，会跌倒、会受伤；一味自我要求，会严肃、给人压力。拥有规律的自我要求，加上允许自己自由移动，人生就有机会创造出美丽的花园。

有次在一个长期团体里，一位充满智慧的老朋友说了一段掷地有声的话。他中气十足地说："铁和钢，差的就是一个C（碳）。"什么意思？恨铁不成钢这个词里，易脆的铁要怎么样才能变成坚实的钢？在化学式里，铁只要加进了C这个元素，就可以变成钢。

这个C，就是"自己内在的支撑力"，也就是真正的"为自己负责"，包括"负责让自己好起来""负责移动自己的眼睛，不停留在批评里，移动到爱与鼓励里成长。"亲爱的朋友，让我们一起来锻炼我们的"C"，让我们一步一步从铁炼成钢，从"为自己负责"开始。

让自己困住的，其实是“超越”这两个字。

独特，看见的是差异与不同，而不是超越。

/ 每个人都有两个自己 /

逐渐地信任自己正在经历的种种，同时把握机会练习并存。让两个“我”一天一天地靠近。爱，开始感觉收得进来、存得起来；同时可以爱自己，甚至爱别人。最后，看见幸福的可能，真的出现在眼前。

每个人都有两个“我”，一个是我“以为的我”，另一个是“真实的我自己”。比如说，某个人觉得自己呈现出来的样子，是可爱的、亲切的、举止得宜的，这是“以为的我”；但是骨子里，他是严肃的、严谨的，只是他想呈现出可爱亲切的样子。又例如，有人想要呈现出的自己是充满自信的、有力量的（“以为的我”），其实骨子里是对自己充满怀疑不确定的人（“真实的我自己”）。上面的这几个句子里，你可能已经发现“其实骨子里”之后的内容，就是“真实的我自己”。

这两个我，就像桌上分开的两个杯子，在成长的过程中，可能因为伤，因为一个一个的“不知道怎么办”，两个杯子离得越来越远。我们面对外在世界时，使用的面貌，是“以为的我”，而那个心里头“真实的我自己”有时候连自己要接近都有困难。

两个我离太远，就得不到滋养

我们常常听到有人说：“奇怪，我明明就很靠近他了，身体也很亲近了，为什么我觉得他还是离我好远好远……”如果是这样，那么这个他“以为的我”和“真实的我自己”，很可能像楚河汉界般遥远，或者另一个可能是（这是需要深呼吸才能承接住的）——你自己的两个我，离得好远好远。

如果我的两个杯子离得很远，于是当别人靠近“我以为的我”，给出了爱，爱传啊传，每每传到一半，因为路途太遥远，爱就散掉了，滋养不到“真实的我自己”。如果成长过程够滋养，或者经过多年的内在整理，我的两个杯子可以很靠近，别人的爱传来时，爱就可以顺畅地流动到“真实的我自己”。

那么要如何让自己的这两个杯子逐渐靠近呢？概念上，就是要让我们内在很多不同的部分可以同时并存，这是影响我很大的老师——吉利根博士，他的另一个重要的好概念。如果我们把内在不同的部分用“这个我”和“那个我”来称呼，当“这个我”和“那个我”是分开或断裂的时候，内在就会拉扯，而拉扯是很耗力气的，所以常常需要自己撑着，撑久了会好累好累。

换句话说，“这个我”和“那个我”都是内在不同的声音，是内在的一部分。当我们说“哎呀，我好想出国读书，又会怕孤单”时，第一个“好想”，就是一个部分，后面的“又会”，就是另一个部分。

习惯上，我们为了要行动，人会自动化地只听见一个部分说话——可能为了照顾自己怕孤单的需求，就不出国了；或者只重视出国的冒险需求、生涯梦想需求，而不顾心里被爱、被关心的需求。如果这两个声音一直打架，心里头会出现这样的对话：

“奇怪，别人就不会怕，为什么只有我会怕……”

“没出国读书又不会怎样，还是留下来，有朋友在身旁比较重要。可是，哎呀……”

信任正在经历的，在生活里练习并存

怎么把这两个“我”，变得越来越靠近，甚至有一天，两个杯子成为一个杯子呢？在自己生命里练习了十几年后，我找到的两个最主要的好方法：

1）信任我正在经历的。

2）在生活里练习并存。

信任我正在经验的。换句话说，就是别人说的，不一定跟我的经历一样（通常都是不一样，所以才叫别人的经历啊），所以，我有我的经历。我有害怕，我有紧张，我有担心；同时，我有努力，我有用心，我有想要冒一点点险；于是我从自己的经历里、故事里，长出对自己的相信，长出自己的判断，长出自己拥有的选择与智慧。

并存的练习就是把心里出现的“或者”（OR）和“可是”（BUT），都换成“同时”（AND）。例如：

把

“唉，到底我是不喜欢企管系，还是（OR）喜欢心理学呢？”

换成：

“是的，我真的有困难学习企管专业了；同时（AND），是的，我偷偷地开始爱上了心理学；是的，这两个都是我的一部分。”

把

“我好享受他对我那么好，可是（BUT）怎么感觉哪里不太对啊……”

换成：

“是的，我很享受他对我的体贴、对我的好；同时（AND），是的，我隐隐地觉得不太对劲；是的，这两个都是我的一部分。”①

有的人的杯子，好不容易靠近些了，却又因为事件的发生，再度拉远。有人不放弃一次又一次练习，一遍一遍地把自己找回来，于是有一天就真的走到两个杯子很近的位置，不再轻易把自己推开，因而越活越好。一旦用心练习，我们将有机会走过人生里无法跳过的四个步骤。

第一步：逐渐地信任我正在经历的种种，同时把握机会练习并存。

第二步：两个杯子一天一天地靠近。

① 哈克小提醒：在这里，每一个“是的”，每一个“逗点符号”，都是可以停下来深呼吸的地方。深呼吸，是让这些念头这些内在的部分，有进到心里头的时间与空间。所以，试试看慢慢念，会有不同的感觉与收获喔！

第三步：爱，开始感觉收得进来、存得起来；同时可以爱自己，甚至爱别人。

第四步：看见幸福的可能，真的出现在眼前。

就这样一步一步地向前走去……

4

第四部分

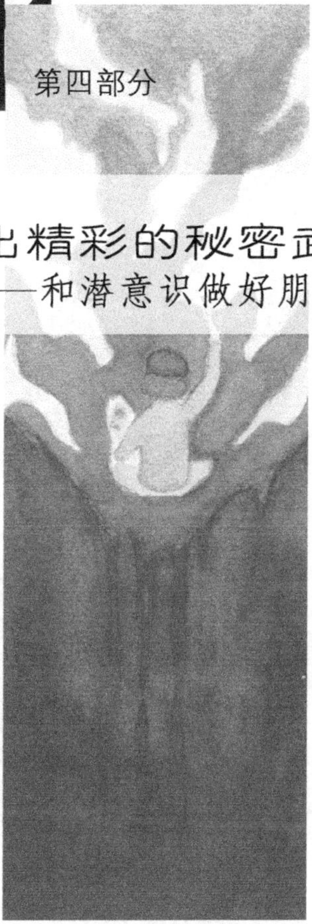

活出精彩的秘密武器

——和潜意识做好朋友

/ 和潜意识做好朋友 /

隐喻和解梦，都很有趣，也很适合与亲近的朋友一起玩、一起体会。人生如果有了潜意识这个好朋友，面对挣扎、困难、混乱时，就有机会少一些孤单，多一些力量。

有一年的秋天，在辅导研习班里，遇见一位英气勃勃的男老师，在小组分享的时候，他拿起团体室里的一只布偶小山猪，说："有一部分的我，其实很像这只小山猪……"小组的伙伴有点惊讶地看着这位年轻老师，他手里拿着小山猪，说起一段故事。

我是乡下长大的孩子，上了大学以后，有一种女生不敢追，就是台北来的女生，因为我觉得自己很土。有一次，我去台北找一个喜欢的女生，两人要进入一栋很现代化的大楼，入口大门是会慢慢动的玻璃旋转门，一次只能一个人进去的那种，然后门就会跟着你的脚步移动，但因为我当时太土了，根本不知道那种设备。我喜欢的女生走进去后，我就跟着她一起进去同一格里，结果两个人就卡住了。她回头看了我一眼，没有说什么，可是我自己心里觉得好丢脸喔，我怎么连这个都不知道……这是我，小山猪是我的一部分，我土土的。

隐喻故事让人靠近彼此

小山猪，是一个活跳跳的隐喻。一段故事、经历、感受，用一只贴切的小山猪隐喻，就把故事里的感觉整个呈现出来了。看着小山猪，听完这段故事，小组里的一群人，不知为何突然间就跟这个年轻老师靠近了。之所以会有靠近的感觉，是因为小山猪的影像，加上这段真实的故事，让好几个人都想起了自己某个质朴憨厚的部分。隐喻，是接近潜意识最生活化的管道了。潜意识，是很多人熟悉又陌生的心理学名词。用最简单的语言来说，潜意识指的就是能清楚意识与思考之外的那些东西。潜意识，包含很多没有被动用过的资源，还有那些被我们遗落很久的记忆，像是伤痕、快乐、辛酸、委屈、兴奋……

如果想要在自己的人生里，拥有坚强的靠山，那么潜意识是可以长期经营的好朋友。要接近潜意识，有三条道路：解梦、隐喻、催眠。其中，催眠的学习难度最大，需要较多专业的训练和培养；而隐喻与解梦，是最能在日常生活里操作使用的好管道。

因此，若想和潜意识变成好朋友，可以先试试看的是：一、使用隐喻；二、记梦、解梦。

什么是记梦、解梦呢？

梦境，是另一个很生活化的好东西；把梦记下来，是对潜意识最直接的一份欢迎与善意。

科学上认为，人几乎每天都会做梦。有些人清晰记得自己的梦，有些人不记得做过的梦。梦来了，不一定解得开，但是可以注意它、尊敬它。更重要的是，欢迎它、享受它、喜欢它的创意。记梦的时候，可以在睡前，先跟自己的潜意识说："亲爱的潜意识，请你帮我一个忙，让我今晚可以做一个梦，并且记着，让我醒来以后可以写下来，让我有机会更靠近你、懂你，和你一起合作……"然后，在床边准备好空白的纸和好写的笔，就去好好睡一觉。半夜如果醒来，请赶紧先写下记得的梦境，即使只是片段、模糊的，都很好。一旦开始记梦，下一个梦会变得更清晰、更容易靠近。

梦就像潜意识写给你的信

钻研"梦"这个主题的心理治疗大师尤金·简德林（Eugene Gendlin）说："假设朋友寄给你一封信，你打开信看了，可是看不懂，于是把信带在身上，有空就试着读读看。如果你这样看待朋友的信，当你遇见朋友的时候，朋友问你，‘有收到我的信吗？’你回答说，‘有，有。我看不懂，可是我带在身上，有空就读读看。’你猜，这个朋友愿不愿意写第二封信给你？我猜非常有可能是愿意的！

另一种情形是：朋友寄给你一封信，你没有把信打开，一忙就忘了有这封信。朋友知道你没有看信，下回大概就不会写信给你了。”

潜意识发了一个梦，就像朋友给我们写了一封信一样。我们不一定要读懂，但是，可以很愿意读，记录下来，愿意珍惜。这样，潜意识才会慢慢地把我们当好朋友，说更清楚、更深刻的话给我们听。

我这几年带领解梦工作坊时，遇见一群对梦有高度兴趣的朋友。这些朋友里，有些很想靠近梦，却又害怕梦，他们形容：“梦，像是眼前的黑暗，驱使着我走向前，却又担心那个黑……又爱又怕。”

除了担心的人以外，也有些人觉得梦很有趣好玩！他们形容：“梦，像是故事书，它会自己编剧情。打开它，就觉得非常非常有乐趣，每次打开都是全新的剧情。梦就像一个小皮球，我可以拿来和别人玩、和自己玩或去投篮。投篮有时会落空，有时会投进篮筐。”除此之外，还有人超级生动地描述梦：“我觉得梦是我想象中的苹果手机，里面有 GPS 定位导航，也有一些小游戏。在我无聊的时候，可以拿出来玩一玩；在我需要知道方向的时候，也可以问它。”

如果把自己的梦记下来，又有机会说给亲近安全的好朋友听，特别是红橙黄绿的朋友分类系统里的“橙”和“红”的朋友，那么梦境常常在说着说着之间，就更被懂了。

解梦的简单语法

解梦，有很专业的语法，也有很生活化的语法。这里举例介绍几个适合给刚入门的人运用的语法（若有兴趣更了解梦，可以参考附录二的解梦句型）。

解梦刚开始时可以使用的句型

“你最近有没有什么烦恼？或者是让你常常想来想去的，心里关注着的东西？说几个让我知道，好吗？等一下我们一起来连连看，说不定可以找到梦和生活的关联。”

“你刚刚说，梦里有一只大狗，多大？用手比给我看好吗？这么大只啊，狗什么颜色？狗有叫吗？”

“你刚刚说，梦里有脚踏车、山路、小女孩、轮胎漏气，这些有没有哪个让你最迷惑、最好奇或最想探索的？”

有了发现以后，可以使用的句型

> “这个梦在跟你说些什么？如果这个梦是一种提醒，你猜这个梦正在提醒你什么？”

隐喻和解梦，都很有趣，也很适合与亲近的朋友一起玩、一起体会。人生如果有了潜意识这个好朋友，面对挣扎、困难、混乱时，就有机会少一些孤单，多一些力量。

/ 好隐喻，可以陪到心底去 /

贴切的隐喻或故事，我们听了会不自觉地认同其中一个角色。一旦我们心里认同了一个角色，这个角色就开始活生生地在听者的心里了。

隐喻，有时只是一句简短的形容词。

你可能听朋友这样描述过自己的状况："我的眼前一片黑暗。"这时你可以很同理地响应说："那一定很难受……"你也可以选择用隐喻来靠近朋友："黑暗哦！那是不是会很期待看到亮光早一点来到。"或者，你也可以探索一下："说说那个黑，是怎么样的黑呢？"

日常生活中，我自己常常用动物的隐喻，像是小花豹、小马、小红隼来表达自己，熟识我的朋友会问我："你的小红隼在哪里？"我会说："小红隼在黑黑的夜里，枝头上吹着风，风咻咻叫，好冷好冷的冬夜……”这样的传达，有时比直接说出心情还要更接近内在状态，也更生动、立体地被了解。

把爱完整送到孩子心底的隐喻故事

跟孩子互动时，隐喻也是很好的管道。一个安静的早晨，我远远听到五岁的女儿黄阿赧和三岁的黄毛毛在争吵，接下来听到脚步声加上哭泣声慢慢靠近我的睡房，听声音就知道是黄毛毛来了。黄毛毛开门进来，爬上床，像小妹妹趴在大龙猫身上那样，在我怀里啜泣。我轻声问：“怎么了?”“呜呜呜，姐姐……我……呜呜呜……”说真的，我一句都听不懂。

不到三十秒，另一个小女孩也哭着走进我的房间，黄阿赧也来了。我躺在床上，左手抱着小女儿，右手抱着大女儿，轻声地问黄阿赧：“怎么了?”“呜呜呜，我……然后毛毛打我……后来我就踢毛毛，妈妈就凶凶!”黄阿赧五岁了，逻辑描述清晰多了。不过，说真的，我还真的没有听懂她们到底在吵什么。孩子的争吵，说穿了，大多是你拿了我的什么，我不肯给你什么之类的大小事。不过，有意思的是，排解小孩之间的纠纷，其实不一定要听懂。我看看两个女儿说，“爸爸来讲一个故事给你们听。”

有两只猴子，哈哈和痒痒，他们很喜欢一起玩。玩得开心的时候，都会哈哈哈一直笑，好开心、好高兴、好兴奋！可是，有时候哈哈和痒痒会吵架，一吵架，就会很难受、不舒服、不高兴，很想要把对方推开，推得远远的……在一起的时候，会开心，也会吵架。可是，如果哈哈不在，只有痒痒一个，就会好无聊好无聊喔！”

两个小女孩，在爸爸怀里，听得很起劲，都忘了继续哭了。我继续讲：“森林里，有一只小河马，他有一个可爱的名字，叫作小河马波波。小河马波波有一天遇到了小鳄鱼赫赫……小鳄鱼赫赫有一副看起来很可怕的牙齿，牙齿好尖、好尖，看起来就好可怕。小河马波波看着小鳄鱼赫赫说，我要来数一数你有几颗尖尖的牙齿。一二三四五……怎么那么多啊！小河马波波也有很多牙齿，而且小河马波波的牙齿圆圆的好可爱喔！一二三四五……哇，好多可爱的小牙齿喔……小河马波波和小鳄鱼赫赫，后来还会发生什么故事呢？下次爸爸再跟你们说喔！

神奇的事情发生了，两个小女孩听完故事，不约而同翻身下床，走到客厅。然后，我听到黄阿赧跟妹妹黄毛毛说：“来，姐姐说故事给你听。”五分钟前还吵得不可开交的姊妹，相亲相爱起来了，真好。

来倒带一下，哈哈和痒痒的故事用意很明显，姊妹之间的争吵与平常拥有的快乐，是两个都在的。不要因为吵架，就忘了常常是因为有姊妹的在，而带来的快乐。小鳄鱼赫赫和小河马波波，就有意思了。这两个现场突发奇想创造出来的隐喻主角，说的是每个孩子的心里，都住着两个部分，一个是可爱的部分，一个是会让人难受害怕的部分，这两个，都是真实的自己。有这两个部分，是真实的，是很自然的。

以上是隐喻治疗的专家概念。回到生活里，我问大女儿："刚刚你们不是还在吵架吗？怎么一下子就愿意讲故事给妹妹听了？"大女儿一点都不迟疑地回答："因为我被爸爸爱到了，就可以去爱妹妹了啊！"哇！原来是隐喻故事，把爱完整地送去孩子心底了啊！

引发共鸣、令人触动的贴切隐喻

还记得有一回带领隐喻故事工作坊时，我说了一个短短的《小翅膀的故事》。

小翅膀小小的，小翅膀总是喜欢跟着大翅膀飞翔。乘着大翅膀可以冲向天际，也可以俯冲到水边。小翅膀好享受，觉得有大翅膀好好喔！可是，有些时候，小翅膀想要飞去小溪旁，不巧的是，大翅膀正随着风自由地飞，或者正在与强劲的气流搏斗，所以听不到小翅膀的声音……小翅膀心里想："我的翅膀这么小，飞也飞不动，该怎么办？"飞不动的小翅膀好难过，看着小小的翅膀，又心疼又难受……

这个夜里，远远的又近近的，小翅膀好像听到心里传来一个声音："小翅膀啊小翅膀，翅膀不是以大小来分的喔，翅膀有好多种，有透明的精灵翅膀，有靠轮轴转动的机器翅膀，有色彩缤纷的彩虹翅膀，有好多很不一样的特别翅膀，还有一种会变化的翅膀，会变大还会变小，需要变大的时候，咻就变大了；需要变小的时候，咻就变小了。"

原来有这么多种不同的翅膀啊！小翅膀问自己："那我要怎么样才能飞起来呢？"这真是个好问题！小翅膀认真地问自己："那我要做什么，让我的翅膀更强壮、更有韧性、更有随风调整的能力？是啊，我要做什么呢？"夜里，好静好静的夜里，小翅膀那么认真、那么用心地看着自己好不容易才长出来的小翅膀。那是从前没有的，是自己一直好想要、好珍贵的小翅膀……

还记得有位成员在听完小翅膀的故事后，很有感觉地分享："……眼眶都湿了，好像在说我耶！我喜欢小翅膀，会联想到小天使的翅膀，很特别的小翅膀有了生命，我感到有能量在我里面慢慢升起。之前好像对自己完全丧失信心……可是原来有这么多种特别的翅膀啊。那么认真、那么用心地看着自己，让我好感动，从前是没有的，好珍贵的、自己的小翅膀……"

贴切的隐喻或故事，会让人出现“眼眶都湿了，好像在说我耶!”的反应。就好像看金庸武侠小说时，读到郭靖、黄蓉、令狐冲、仪琳师妹、洪七公时，读者听了会不自觉地认同其中一个角色一样。一旦我们心里认同了一个角色，这个角色就开始活生生地活在听者的心里了。

/轻轻巧巧走进护城河/

——在生活里使用隐喻

有时候，我们希望有人愿意越过千山万水，走进我的城堡；但是别人远远地望着城堡，不知怎么才能向我们靠近。这时如果我们可以学会使用贴切的隐喻语言来表达自己，会是相当关键和重要的能力养成呢！

你玩过隐喻吗？想来试一试吗？

最简单的隐喻使用，就是在生活里有感觉浮现时——不论是开心，或是难受、不舒服——只要有感觉跑出来，就可以问自己："这样的我，像什么？"

像什么呢？可以是动物，可以是植物，可以是大自然的现象，风、云、雨，春、夏、秋、冬，或者任何的物品东西都可以。这样的我，像什么？用什么来形容这样的我，会最贴近自己的心呢？有的时候只是一个模模糊糊的画面，有时候只是几个字，那都很好，接近潜意识的过程是慢慢的、自然的。如果没有出现任何东西也没关系，你只要愿意试试就很好了。就只是温柔地问自己："这样的我，像什么？"

如果是和好朋友一起练习，就可以邀请朋友闭上眼睛，然后请他做三个深呼吸，带着期待，好奇地问他："这样的你，像什么？"请记得，如果你的朋友分享说："我像一只骆驼。"请千万不要问他："为什么是骆驼？"因为当你一问为什么，他就回到意识了。不问为什么，那要问什么好呢？以下几个问句，是最轻松又好用的隐喻澄清句型。

"多大？""什么颜色？""什么形状？"

"多说一点，让我好像从你的心里看到一样……"

"有没有背景？""周围有没有什么声音？"

"你最好奇的地方是哪里？""什么让你好奇？多说一点……"

用隐喻来表达，让别人更靠近

在潜意识的世界里，我们可以学着用"是什么……"来取代"为什么？"所以如果以骆驼为例，我们可以好奇问的是："骆驼的眼睛看哪里？骆驼的尾巴长怎样？这只骆驼哪里吸引你？骆驼的颜色是什么？"多去好奇画面本身，因为停留在右脑直觉的画面里，潜意识的资源就会自然连上，甚至涌出。

除了简单地问“这样的自己，像什么？”以外，还有一些更细致的隐喻触发问句可以使用：

“你可以闭上眼睛，隔着一段距离看看自己，看起来这样的自己像什么？”

“那个很棒的经验，有没有给你一个感觉好像是什么？如果你可以用一个东西来代表的话，你觉得那个让你开心又兴奋的人，像什么？”

许多人的心里，都有一座被护城河保护着的城堡。护城河外头，有一片草地，草地上还有高高低低木头做的围栏。因此，我们要接近一个人的时候，常常都要被确认是善意的、可爱的，才能经过允许越过围栏；如果彼此有了信任与安全感，护城河上的吊桥才会缓缓降下；进入城堡之后，通常是因为有了同甘共苦的故事，才能被邀请进入城堡里最私密的房间。

换个角度来看，有时我们好希望别人愿意翻山越岭来靠近我们的城堡；但是别人不太懂我们，远远地望着城堡，不知怎么才能向我们靠近。这时如果我们可以学会使用贴切的隐喻语言来表达自己，会是相当关键和重要的能力养成！

记得有一次带辅导研习班，有位年轻女老师这么描述自己：“小时候的我很乖，很像那种……你有看过大同宝宝吗？

站得直直的那种。”短短的几句话，听到的人里，好几位都发出“嘶嘶”的声音，心头有一份心疼跑了出来。用站得直直的大同宝宝，来形容成长过程听话、懂事、小心不犯错的自己，真是感觉对极了！让人一下子就多懂了她一些。

无法转述的困境、难以碰触的伤痛，试着用隐喻化解

依稀记得我三十岁那年，生命里连续出现好几个无法承受的死亡事件。心里低沉、害怕到了极点，又不知道怎么诉说自己。在一次同行的聚会里，我鼓起勇气，用了下面这一段话，打开了自己因为不知所措而紧锁着的门。

> 雨下得好大好大。森林里，小土拨鼠缩在自己的洞口旁边，有家却像是没家一样……洞都淹水了，小土拨鼠到处找地方躲雨，却只能瑟缩在大树干旁……小土拨鼠望着天，问老天爷说：“这场雨，到底还要下多久啊……”雨下了好久好久了，在小土拨鼠的心里，这雨仿佛没有停止的一天。

听着我这段话，一个冰雪聪明的好朋友，用了下面这段话语，温暖了我的心。

在森林的另一方，也是在雨中，小兔子坐在温暖的房子里。房子里灯火通明，小兔子手捧着暖暖的热茶，看着外头的雨。小土拨鼠在雨里，她知道，但她也只能把灯火再弄温暖一点，等待着，也许小土拨鼠会有想进来休息的时候。不过，虽然远远的，虽然雨声也很大，但是，小兔子听得到小土拨鼠的心跳声……

因为冒险了，用“这雨仿佛没有停止的一天”来描述对于没完没了的困境的难受，表达出了很难被理解的自己，因此，有机会被陪伴，甚至被爱。也因此从那一天开始，红色的城堡里，又多了一个换帖的知心好友。

/ 好的隐喻故事，让给爱的人更流动 /

几年前，在一场工作坊里，遇见一位小学老师小鱼（化名）。小鱼非常享受教低年级的学生，可是这个学期被分派去教高年级，身边资深的同事耳提面命地交代："一定要严厉，不可以让学生爬到头上来，否则……"小鱼面对看似提醒的恐吓，其实心里很不舒服。因为她期许自己当一个爱孩子的老师，不喜欢当一个威权主义的老师，但又担心资深老师的提醒是必要的，因而陷入内心争战。

在工作坊里，小鱼争取当现场治疗示范的主角，希望能得到专业的协助。小鱼回想起曾经教低年级时的快乐记忆，说：

"当小学一年级的导师时，下课所有的老师都在教室打扫、改作业，只有我坐在教室外的花园。小孩排队要坐到我身上，我一次可以抱两三个，我觉得当这样的老师才有意义。我也许没教他们什么，可是他们从大老远跑来跟你挥手，你就知道他们很喜欢你，我觉得这样就够了！那时候我教他们是一二年级，到现在四年级了，他看到我还是这样。别班的小孩跟着他来找我，脸上会很羡慕地说：‘哇！你们以前的老师是这样喔！’”

然而，时空转换，她现在被迫教高年级，痛苦指数很高。她这么描述目前和高年级学生的辛苦互动：

“高年级的学生，脸上表情一个比一个叛逆。帮他们放影片，要看不看的，叫他们做的所有事情，他们统统都不做。我一直觉得我跟其他教了高年级很久的老师不一样，我不想要变成那个样子，所以我都跟学生说：‘有什么事情可以来商量讨论。像是学校规定制服、运动服必须要扎进去，可是我体谅夏天教室很热，所以在我的班上，可以把制服脱掉，我愿意给你这样的自由，给一份体谅跟善意。’可是他们没办法控制，你给他一点点，他就会无限地扩张，跑到外面去。”

驯兽师与小丑的故事

我用心地听着小鱼的故事，心里浮现几个隐喻，决定来说一个完整的隐喻故事给小鱼听，故事是这样的。

马戏团里有好多种不同的动物。有的大、有的小、有的可爱、有的凶猛……有时轻松地当一个小丑，小朋友就会笑得很开心。可是，你看过小丑当驯兽师吗？你看过小丑进入那个大铁笼里当驯兽师吗？我觉得你的情形就像这样。

大铁笼里，通常不会装兔子，兔子不会装在大铁笼里，大铁笼里面都装老虎跟狮子。这一天有个人穿着小丑的衣服进来，她说："我被迫要来当驯兽师……"可以想象小丑进到大铁笼里面会怎样吗？会被挟去吃掉，所以一定要保护自己，一定、一定、一定要保护自己。可是因为小丑太怀念当一个小丑，拿个红色的小球丢、丢、丢，小朋友就笑开怀的日子。她坚持不肯拿起那一把鞭子，她很害怕一旦拿起鞭子来，爱就变质了。那是一个很深很深的害怕，她很不喜欢变质的爱，非常不喜欢！

于是她带了一个可以伸缩的鞭子，那个打开来长长的、威猛的鞭子，也可以缩起来小小的，放在右后方的口袋里，她说："我还想再试试看，再当一个小丑。"然后，右边的屁股就被咬了一口，左手的指甲也在上次的表演被咬掉了，到现在都还没有愈合。

后来，每次走进马戏团，即使没有走进大铁笼里，都是害怕、不安的，都是一幕一幕的恐怖画面呈现，鞭子要拿出来吗？真的要拿出来吗？这样好了，这个问题真的太难了，我们先不问这个问题好了。我们先回到小朋友很小很小的时候会学习的一件事情，叫作认识动物。小时候有那种图卡，有牛妈妈、牛宝宝，当你把牛妈妈跟牛宝宝放在一起，表示你认识了牛；更高级的还有按键可以按下去，那个牛就会“哞”，小朋友就会说“这是牛”，这堂课叫作认识动物。所以在图鉴上、在你的心里会看见，左上角有一只豹，豹有美丽的斑纹，在它的眼睛跟鼻子那里，有特别美丽的斑纹，它的脚雄壮而有力，会踢人会咬人。好，第二只是老虎，第三只是鳄鱼，第四只是狼，第五只是牦牛，第六只是长颈鹿……第十只是兔子……好，只是要记得：从老虎、豹到兔子中间，还有好多种动物。

这个下午，马戏团正好在应征一位优秀的驯兽师，这个小丑走进来，她心里想着，现在这么不景气，如果我可以当驯兽师又可以当小丑，这个马戏团应该会雇用我，于是，她就跟马戏团的主人说：“我天生就是一个很温暖很多爱的小丑，同时我愿意学习在某一些时候，拿出我这支可以伸缩的鞭子，确保那些豹、老虎、狮子，不会出乱子。”

鞭子可以伸缩，可以打开，也可以收起来。用力甩它，就整个“扑哧”拉开来；收起来时，就会自动卷起来。让它们不出乱子，是为了让自己还有足够的爱可以给，给那些心爱的宝贝。有些时候不得不拿起鞭子，但是只要记得收起来的方法，就有机会仍然拥有很纯粹的爱，给那些心爱的宝贝。

隐喻能在生活中发酵、演化，甚至触发创意

听完了这个故事之后，小鱼回到自己的生活里，这个偷偷溜进小鱼心里的隐喻故事，静静地开始发酵着。听这个故事时是在暑假，等到学校开学了，小鱼真的去做了马戏团的动物分类，开学的心情由之前习惯的压力变成好笑与开心，而且心里开始出现重要的反思。小鱼是这么说的。

“开学时，我真的去借了一块小白板，放在座位的书柜上。这样随时抬头就可以清楚地看见分类：

一、乖巧的可爱动物区（暂时可以不用担心的）；

二、讲不听的猴子（不能对他好）；

三、狡猾的狐狸；

四、一刀就要毙命的王八蛋。

然后，我还真的去打印、拷贝了每个学生的名字，打算在背后贴上磁铁，以便随时依照他的行为，改变他的类型。我心里想着：一定要在一个星期之内把学生分类好。这样想的时候，觉得很好笑，而且竟然还颇为开心。我发现低年级可以说整班都是可爱动物，高年级几乎已经看不见可爱动物了。马戏团跟驯兽师的隐喻，让我更清楚工作场所和对象的改变，一旦接受了现在的班级就像是个马戏团，那么驯兽师的角色就有其必要性了。”

开学后一个月，小鱼出现全新的理解："我不是一个只会要鞭子的驯兽师，我发现自己也可以当一个喜爱海豚，可以跟海豚亲近的海洋馆照顾员。"这个随着时间演化出来的新隐喻(海豚照顾员)，把教低年级学生时拥有的充沛珍贵的爱，与教高年级时新长出来的管教能力，有了一个创造性的结合，创造出同时可以有效管理，也可以流动给爱的美好组合。

这样用隐喻说，让人瞬间懂了

十几年的咨询专业生涯里，我有三个爱不释手的隐喻故事，在这里和大家分享。

狂奔的汽艇

第一个故事发生在 1998 年，那年我刚从美国读完生涯咨询硕士，回到母校的咨询中心服务。有一回，下课的十分钟，一位刚从美国一所州立大学当国际交换学生回来的年轻学弟，在走廊遇见我，着急地问："老师，我要做一个决定，不知道该怎么做。目前我在社团当社长很忙，假日又要去育幼院当义工，晚上还要在实验室跟着研究所的学长做实验，最近正考虑要不要申请教育学程，不知道我适不适合？"

看着这个前程似锦的好孩子，我说："我刚刚看到一个画面，你要不要听？"学弟脸上闪过一丝好奇的光芒，说："要，要，要！""我看到一艘亮丽的汽艇，加足了马力，发动汽艇的引擎声音，大声地响着轰！轰！轰！马力加到最大，汽艇一发动，就一直冲！一直冲……”

然后，我静默地看着学弟十几秒钟都没说话，这个聪慧的男孩，瞪大了眼睛也愣了十几秒钟之后，开口问我：“老师，这样汽艇会不会撞到东西？”我微笑地看着他没有回答。男孩低头想了一两分钟，抬起头笑笑地说：“老师，我知道怎么做了，谢谢老师。”

后来，这个男孩有没有申请教育学程，我其实不知道；他到了哪里，我也不知道。不过，我猜那个“轰！轰！轰……”的汽艇发动声，大概会陪着他，走过人生的好几段路途。这个隐喻故事，很特别的地方是以声音为主轴，透过生动的汽艇发动声音，来提高听者的觉察，进而触发顿悟的可能。

瓷器店里的大公牛

第二个故事是听来的。

二十九岁那年，我因为情感上有解不开的结，自己寻求咨询师的协助。在半年多的面谈时间里，让我最清晰记得的是，咨询师跟我说了一个《瓷器店里的大公牛》的故事。记忆里，故事的版本是这样的。

有一只大公牛，走进了一家卖精品瓷器的高级商店里，因为大公牛身体很大，生气起来的时候，头上的角一甩就把台子上瓷器给敲碎了，甩个尾巴，哎呀，又扫下了好几个漂亮的杯子、盘子……

这个短短的小故事，对我的亲密关系有意想不到的大帮助。原本在实际生活与亲密伴侣互动时，我是一个很容易动怒、很容易喷出情绪的人，听了这个有生动画面的小故事之后，每当自己即将因为小事情而发怒时，脑中就会浮现一只红色的大公牛，在精致瓷器店里即将动来动去摔坏杯盘的画面！这个画面一出现，我就会赶紧深呼吸，想象自己就是那只红色的大公牛，安静地走出那家店。这个大公牛摔坏杯盘的画面，陪着我好几年，持续地提醒自己不一定要用发怒的方式来沟通。大公牛的故事，是很典型的画面隐喻，透过活跳跳的清晰画面，来提高人的觉察能力，更懂自己怎么了。

鸭嘴兽的隐喻

第三个故事，是当年写博士论文时，我从一本英文期刊上翻译下来的。

那是一个很短但很有力量的小故事，名字叫作《鸭嘴兽的故事》。

鸭嘴兽是一种长得很特别的动物，它有鸭子的嘴，有水獭的尾巴。鸭嘴兽有很大的烦恼，当它和鸭子在一起的时候，开口发声时总是很小心。因为想要让鸭子觉得鸭嘴兽和鸭子是一样的，生怕自己叫出来的声音，被鸭子认出来说，“你不是鸭子，你的声音不对！”

当鸭嘴兽跟水獭在一起的时候，就会把嘴巴藏在水里头，然后拼命摇尾巴。它想让水獭知道，“我的尾巴跟你是一样的……”

这个故事，很贴近许多人成长过程里，辛苦挣扎的部分。我们不都是这样的吗？虽然很想找出自己的独特，却又害怕被看出自己跟别人哪里不一样。拼了命要摇尾巴给水獭看，拼了命要让鸭子以为找到同类。可是鸭嘴兽，真的不是鸭子，也真的不是水獭，鸭嘴兽就是如假包换的鸭嘴兽。这个短短的故事，很像禅宗里的公案，是一个很概念性的隐喻故事，引人深思。

/ 孵梦、解梦给自己的生命指引 /

——小羊求求你

常常被学生问："老师，我梦到一条蛇（一只鸡、一条龙），是什么意思呀？"

关于梦到蛇、狗、龙、鸡，古今中外，大江南北，都有不同的梦境解释。

在中国，梦到乌龟，很有可能象征长寿。可是在北美的滨海餐厅里有一道出名的菜，叫作"海龟汤"。这道汤品，我猜很多华人都很难点下去，但是白种人从小喝这种汤长大，那是他们心目中、记忆中美味的代表之一。因此，北美滨海的人们如果梦到乌龟，跟想喝汤或怀念家乡的味道说不定有强烈的联结。换句话说，不同的文化地理背景，梦境的象征会有根本性的差异。

除了文化的差异之外，在实际的解梦现场，梦到被蛇追、被狗追，代表的含义常常也很"个人化"。因为每个人的心里头，梦见的人或物，都有属于自己的独特或联结。比如说，有些人怕狗，梦见狗，可能代表某个他害怕的人正在逼近；有些人很爱狗，于是梦见狗很可能表示心爱的对象正在靠近。换句话说，“个人化解梦”是一种为梦的主人量身定做的解梦方法，为的是帮做梦的人，找到心里那个独特又有意义的联结。

孵梦三步骤

学习个人化解梦，有一个有趣的小方法，叫作孵梦。孵梦，只需要三个很简单的步骤。

步骤一：睡前，先问自己一个想探索、想了解的疑问，并且写下来。

步骤二：睡醒如果有梦，马上拿笔写下来。

步骤三：对照梦中的信息，来猜猜梦要跟自己说什么。

我有一个很好笑的例子，当年要去博士班报到的前一天晚上，我孵了一个梦，睡前写下的问句是：“去读博士班，要注意什么？”结果，当晚做了一个梦，梦里只有出现一句话：“你的脸出来了吗？”

睡醒，想起梦，拿出睡前写下问句的本子，自己就“扑哧”笑出来了！因为梦境内容对照起睡前的问句，实在是太清楚不过了！潜意识非常清晰地提醒我，要先把满脸的胡子刮干净，再去博士班上第一堂课。

小羊求求你

在一场辅导研习中，我带领解梦示范时，一位年轻的辅导老师小蝉（化名）跟大家分享了“小羊求求你”的梦。我认为这是个人化解梦的经典例子，经由梦的主人同意，把这个梦整理在这里和大家分享。

这个梦是在连着两天的工作坊里的第一天晚上孵出来的。小蝉描述：

“我梦到有一群羊，被关在像仓库的大空间里。空间分隔成三部分，最外面的部分没有羊，最里面和中间都关着一群羊，卷卷的白色的毛，脖子特别的长。（我说：怎样特别长？比给我看好吗?）脖子比较长，可是它的毛是小绵羊那种，卷卷的毛，很细的那一种，脸也比较长……”

“最里面的羊，每天都在吃、在睡觉，像猪一样，很安稳蜷曲在那里。可是，最小的一只羊，一直跑去跟主人吵着要出去，它想出去外面看看这个世界，它一直说：‘拜托、拜托！’它会讲话……主人是一对夫妻，一直不答应，主人说：‘你在这边，要吃、要喝、要拉，随时都有，而且你需要一直吃、一直吃、一直吃。’可是小羊一直说：‘拜托、拜托！拜托、拜托！’突然间，主人竟然点头了。

小羊很高兴，小羊是在第二圈中间那个空间，它兴奋地跑去最里面，找了其中的一两只羊，跟它们说：‘你们不是也要出去吗？要不要一起走？’结果那几只羊都已经很习惯被喂食了，它们就说：‘不用！’里面的羊都懒懒地没有任何反应。”

“我在梦境里想，大概是它们吃的饲料会使它们变笨，于是宁愿安稳地待在里面，忘记曾经想要出去的事。后来，农场主人就让小羊出去了，小羊冲到外面，没想到一出仓库，马上就遇到两辆农场的货车迎面而来，差一点被撞上，好危险。可是小羊其实不太害怕，因为它终于可以出去了，它很兴奋！就算遇见危险，也觉得没关系，反正闪一下就好了，还满勇敢的！奇妙的是：有辆车子是农场主夫妇开来的，刚刚不是还要小羊拜托吗？结果主人主动邀请小羊上车，要载它到农场外面去，小羊很惊讶地说：‘真的可以吗？’然后，我就醒了。”

我听了这个新鲜上架的梦，充满好奇！听了梦的场景与情节之后，我要帮小蝉找到一个焦点来切入，看看有没有机会更懂这个梦在说什么。

我问：“梦里面哪一个画面或角色，是你觉得最好奇的？”小蝉非常确定地说：“那只小羊，特别是它为什么会说话，而且还一直说：‘拜托，拜托！’”

接下来，我邀请小蝉来尝试解梦方法里强力又趣味的做法：**扮演**。我这么带领着小蝉："我要你进到梦里面的小羊，让自己就是那只小羊，我要你用第一人称说话，从'我是小羊……'开始，好像是在说它的内心戏一样，准备好就可以开始。"

小蝉闭上了眼睛，很投入地扮演着："我是小羊，拜托、拜托，你让我出去啦！拜托你让我出去啦！我不要被关在这里，为什么我的生活就只有吃跟睡？外面的世界很大，拜托、拜托、拜托，我要出去，拜托我要出去（声音激动而渴求）……"

我听到这个生动的扮演，打铁趁热地邀请小蝉找寻梦境的可能联结："会不会好像心里有一份渴望、一份期待，但不太敢相信会被答应、会得到响应……你生活里的什么，是像这样的？可能是关系、可能是工作、可能是心情，有没有任何一个东西刚刚'叮'地跳上来说，'啊！就是这个！'？"

小蝉闭着眼睛，眼球转呀转的，开始说着她的联结："我……我爸妈一直让我要当老师的这件事。我曾在一开始从事教职的时候，跟他们说自己想转换跑道，但他们认为这是一个很安稳的工作，他们不让我出去。"

哎呀！原来是生涯转换跑道的渴望，在梦里用小羊来呈现，真是太有意思了。我接着说："来给小羊一个名字，这个很重要，我要你慢慢来，闭上眼睛。如果小羊代表的是小蝉心里面一个很重要的部分，说不定，在过去的日子里没有发挥多大的力量，但它一直都在，然后在昨夜出来了。它没有放弃地说，拜托、拜托、拜托让我出去，给小羊一个好名字，让它继续在，继续来帮忙。”

小蝉眼睫毛眨呀眨的，潜意识顺畅地运作着，过了一会儿，睁开眼睛，说出一个很有力量的名字：勇敢的祈求者。接着小蝉也理解到，其他的羊，有些也曾经有相同的梦想，想要出去闯一闯，但因为环境是安全的，所以已经习惯安于现状了。

我接着问：“说到这里，你猜想这个梦在跟你说什么？”

这个时候，意识与潜意识顺畅地合作着，小蝉描述着她的发现：“我是基督徒，上帝说我们是他的羔羊，然后只要祈求。我还满感动的是，后来他让我出去，他是陪在我身边的。在信仰里，只要你跟上帝求，他给你的，是超过你所求所想的。小羊出去外面时，农场外围有很大一圈的围篱，我可以自由在那奔跑已经很满足了，没想到主人带着我上车，说我们要出去，可以带着你出去玩，我吓一跳说：‘啊！真的吗？真的可以这样子吗？’（我问：农场的夫妇代表的是？）嗯……本来我想是爸妈把我限制在这里，要我安全；后来我觉得或许也是上帝温柔的陪伴。不管去到哪里，他都与我同在。其实，早上起床时，我有想到这个点，我还满感动的。”

真是精彩的发现啊！我最后跟小蝉的潜意识说了一段话，

为这场解梦示范做结尾。

潜意识，谢谢你，让小蝉可以孵出一个梦，然后在今天，遇见一群好奇的心跟温和的眼神，可以多懂自己一些，可以看见自己在环境里安于现状的部分，也看见自己是一个勇敢的祈求者。

谢谢你，潜意识，在接下来的日子里，白天或梦里，请潜意识继续传递信息，传递好东西，再更了解一点这个梦在说什么，那片草地在说什么，栅栏在说什么，农场外围的那一层在说什么，请潜意识继续传递好东西，谢谢你。

潜意识跟我说：走出去，不要怕！

读到这里，一定很多人都很好奇，小蝉到底睡前孵梦时问了什么问题呢？我跟大家一样好奇，等梦解到这里了，我赶紧问小蝉，睡前的孵梦里，问了潜意识什么呢？

小蝉娓娓道来孵梦的问句，与她心里发生的种种：“我睡前问的是：我可以靠画画赚钱吗？其实我从小没有学什么才艺，不会画画，也不会弹钢琴。两年前，三十二岁时挑战自己去学画画，跟了一个做绘本的老师，他说不会画画的人也可以来画，我就问：‘我真的可以吗？’从小只会画房子、云、太阳，连动物都画不出来，而且我没有立体概念，只会画平面的。老师说可以，因为那是想象力插画，我就想说：‘好哇！’”

在研习的现场，我灵机一动，问小蝉身边有没有她学画的作品，小蝉拿起手机，让大家看她的作品。手机档案一打开，现场出现了：“哇！哇！”的赞叹声，那是一幅亚克力颜料画的作品，很有味道呢！

那一场两天的解梦研习结束了，但是梦并没有停在这里。我们的内心有很多部分，以不同的样貌在梦里出现与演出。而解梦像是拼拼图，一旦其中一块确定了，其他的常常会跟着连上或拼起来，然后整个全景有了完整与清晰的可能。

工作坊结束之后的当天晚上，我很惊喜地收到小蝉的电子邮件！小蝉在信里这么说着：

> “哈克，我真的要说，好幸运今天可以上台当解梦示范！生命里有一个未知被开发，真的很令人振奋，原本以为很难了解的梦，都可以这么简单就解出来，那生命还有什么是不可能的呢？回家的路上，我充满信心，有个声音告诉我：‘就去做吧！’即使外面有货车、有困难、充满挑战，但只要带着勇敢的心，去玩、去闯，不忘记起初用力拜托的眼神跟渴慕，上帝一定会与我同行，我必不孤单。”
>
> “我想，没有哪个爸妈会舍得让自己的小羊过得不快乐的。解开这个梦，我好感动……谢谢你！你何时要开进

阶的解梦工作坊呢？如果有机会我很想知道自己还有多少可能！”

有意思的是，隔了四天小蝉又来信了，信里提到更多丰富的新发现呢！

“哈克，我整理了两个新发现：一、仓库里只有隔间没有门，根本没有门，是小羊们自己乖乖待在里面。二、主人邀请小羊上车，小羊被安排跟女主人坐在同一个位置上，都在前排。男主人在右边，后座还有位置。我新的理解是：

一、没有门。哇！五味杂陈，很震撼的新觉知！原本以为被关着，需要拜托、拜托的小羊，其实是自己乖乖在里面，习惯于主人订下的规范。一直以为有门，一直以为牢不可破。当主人一说：‘好吧！’小羊就开心地跑进跑出，因为没有门啊！我想，这群小羊，很愿意守秩序，知道跟着秩序走就不会有危险，安静地守着小小疆土。

二、小羊与女主人同坐，男主人在右边。小羊并没有被邀请去坐后座，而是一起坐在前座，跟女主人挤一个位置，可见他在主人眼中是被看重的。《圣经》提到：‘因他在我右边，我便不致动摇。因此，我的心欢喜，我的灵快乐，我的肉身也要安然居住。’我很感动上帝的带领与陪伴，这条路我必不被撇下，不孤单。解到现在，好满足。

与您分享！

读到小蝉这些动人的新发现，我触动到全身都起了鸡皮疙瘩。哇！竟然回去以后可以有这么多的好发现，真是太棒了。除了这些发现，小蝉在生活里继续用心地觉察与理解小羊的种种，小羊的隐喻就这样活跳跳地在真实生活里，陪着梦的主人。

/ 见识精彩的潜意识力量 /

——聋哑学校的梦

几年前，在大学的咨询中心遇到了大二学生小云（化名），小云主要的困扰是原本大一班上感情很好的好朋友，因为一些摩擦，完全不理小云了。小云很难受，也做了很多努力想挽回友情，可是半年过去了都没有起色，小云开始越来越不想去上课，常会出现不由自主地流泪。

身为小云的咨询师，我很心疼这个年轻的孩子，同时也知道，朋友的重新洗牌是二十岁左右的孩子常常会经历的成长过程。在我们面谈的第六次，小云一进来，就说她做了一个梦，梦境是这样的：

第一段梦

“钟响下课了，走出教室，看到本来的两个朋友站在楼梯转角（可上楼，也可下楼的地方）。我问她们：‘要不要一起走？’她们笑一笑说不用了。我很习惯又被拒绝了，当下有难过一下下，之后，就转身上楼去了。”

第二段梦

“进电梯之后按顶楼，到了顶楼，刚开始走到走廊，角落有三三两两的学生在敲打练习节奏，但是没有任何声音，非常安静。教室很空旷，人不多，是很安静的另一个世界。诶！奇怪，这里人这么少，偌大的教室里面只有一个老师三个学生，地板干净到可以躺着。转头看一下，瞬间有很强烈的直觉：这是聋哑学校。”

第三段梦

“原本都只看着右边，转头一看左边，围墙外面是好美的景色。不远也不近的距离，有很美丽的高山上，才看得到的山景。很干净，纯色系，蓝天、绿山、白云，绿色的山，是动画片里才有的鲜绿色；蓝天是动画片里的纯蓝色；白云不是一朵一朵的，是很整齐的、直直躺在山边。好美好美的景色，我被这个美给震住了！当下什么话也说不出来。几秒之后，回神，开始尖叫：‘啊！啊（尖叫声）！好美喔！’我张大眼睛要记得这个画面。

多听自己的声音，潜意识永远不离不弃

听着小云说着历历在目的梦，我认真地记录下每一个可以写下的细节与情绪，然后真心地问小云：“你有没有希望我给出什么，可以在等一下解梦的过程里陪你？”小云想了想，说：“沉稳、好奇，还有理解。”我拍拍胸膛说，“没问题，这个我有。”

接下来，我邀请小云闭上眼睛，做两个深呼吸，然后轻声问着："这个梦，有没有让你想到生活中的什么？"这个问句一落，出乎我意料的，小云开始顺畅地说出一段又一段珍贵的发现：

"第一段梦里'遇见朋友，之后转身上楼'，说的是，大学这段时间，自从跟她们吵架之后，一直是心里的伤口，可是也一年了，潜意识要我放下她们。转身上楼，表示我继续努力地成长。潜意识在跟我说，'往上走，走到顶的时候，美好的景色在等着我！'也许有一天，我可以走去远处的那座山顶。"

"第二段梦里'聋哑学校很安静'，说的是，我在成长的阶段，可能要缓下脚步来，少说一点，少听一点外面的声音；多听一下自己的声音，好好安静地思考，不要让太多噪音进入心里，困扰自己。心里很确定这就是一间聋哑学校，以后当我很烦很烦的时候，就可以跟自己说，'不要搞得那么忙，不要忽略心灵的平静，找一个安静的地方，适时地静下来。'这样会听见心里重要的声音。当我关掉外面的窗户，心里的声音就会清晰被听见。"

"第三段梦里的'留在原地，转头'，说的是，当遇到困难的时候，如果我能有转换的念头，我会有新的发现，如同转头望向另一边的美丽山景一样。"

我听着听着，眼眶都湿了。眼前这个年轻的孩子，竟然有这么精彩的潜意识！六七次的面谈，我们不都一起努力着要奋力走出困境吗！怎么潜意识一个梦来，说了这么多，这么有力量！听着小云说梦的过程里，我大概不自主地赞叹地说了四五次的："你的潜意识实在太聪明了！"

这个聋哑学校的梦，被轻轻巧巧地打开了，小云就这样更懂了自己。说着上头的那些发现，小云的眼泪缓缓顺着脸颊滑落，我一边心疼，一边赞叹着。面谈结束前，小云红着眼眶说："我一直以为我很孤单，其实不！因为潜意识一直陪伴着我，可能我以前不知道它的存在，可是现在知道了，我觉得很温暖！从过去到现在，从现在到未来，我知道它会不离不弃地陪伴我，直到生命停止的那一刻。"

哈克写完这个故事，寄给小云看，问问看小云有没有哪里需要修改的。小云很快就回了信，信里她是这么说的："老师，看完文章，我又哽咽了……谢谢老师把我的梦用美丽的词汇记录下来，谢谢老师的陪伴，让我在二十岁这年长成了自己喜欢的模样。虽然偶尔还是会低潮，但想到您说'这才是人生'后，我就复活了。哈！天哪！我真的很想用文字来表达，此刻的我内心是有多么澎湃激昂！（尖叫尖叫尖叫！）看来我只能用非常多的尖叫来表达我的兴奋！"

附录一

自信练习

关于本书的讨论提纲，供读书会、小团体使用

下面两个问句适用于全书各章节：

阅读时，哪些句子让你忍不住“停留”？想读慢一点，忍不住多读几次，或者想起了自己的经历？邀请你分享这些句子、分享自己与这些句子的联结。

阅读时，哪些句子让你心里会冒出一个声音：“诶！我想要在生活里试着这样做、这样跟自己说话。”邀请你分享这些句子，说说你挑中这些句子的心情、想法，或者自己的故事。

第一部分　爱自己，安顿自己

你是否丢失了部分的自己？

1. 生活中，你内心常出现的两种声音是什么？

2. 为了满足家人的期望，我们有时会埋藏自己内心真正的想法；为了满足朋友的需求，我们有时会隐藏自己心中真正的感受；为了配合爱人的喜好，我们有时会收起自己真实的渴望。如果把生命中的哪个部分召唤回来，会让你的生命更接近完整？

3. 生活中，你常忽略的是哪个部分的自己？在面对生活中的混乱，最常被你压抑或丢弃的部分又是什么？

4. 一起来练习并存：××和××，是这个时刻你想让他们有并存的可能的？

5. 如果散落一地的拼图是被忽略的自己，透过并存的练习，哪些被你拼回来了呢？

做自己，还是做罐头？

1. 哪些事情你可以接受自己做罐头就好，为什么？哪些事情是你一定要静下来聆听自己内在的声音，不放弃做自己？

2. 走在“做自己”的路上，你感觉到什么，会有哪些担心呢？走在“做罐头”的路上，你感觉到什么，会伴随什么心情呢？

3. 你曾经被期望成为什么？你何时听到自我内在的声音？如何听到的？

4. 人生的旅途走到现在，有哪些“做罐头”及“做自己”的真实经验？你从中获得了什么，又失去了哪些？

看见平凡渺小，也追求独特美丽

1. 生活中，你有哪些特别新奇、有意思的经历？哪些时刻又会让你产生享受活着、喜欢自己的经历？（那些时刻常常就是独特美丽的发源地。）

2. 生活中，哪些时刻让你感受到自己的平凡渺小？

3. 还记得小时候最爱吃的鸡蛋糕吗？还记得巷口令人垂涎的卤肉饭吗？如此平凡却又如此动人！若彼此熟识，可以练习给彼此回馈，说说你看见对方身上的平凡与独特之处。

信任自己正在经历的

1. “这么稳定的好工作哪里找?”“这么体贴的男朋友打着灯笼都找不到，还不赶快嫁?”这些都是我们常常听到的话，但是真实的感觉存在我们的心中，听了太多别人的意见跟想法总是让我们忽略自己内在的声音。深呼吸，听听心里的声音，什么是最近的自己正在经历的?什么是值得自己认真去信任的?

2. 信任自己正经历的去打一场光荣的战役，你所需要的装备可能是什么?(如勇气、毅力、勤劳等)

遇到困境与批评该怎么办?

1. 生命里，能滋养你的话语有哪些?能让你更有力量、做自己的人们有哪些?做什么事能将它们召唤到你的脑海中?

2. 如果我为自己快乐负责的方式是排除万难地去挥汗打网球、看温暖的短信，那么当你想为自己的快乐负责时，最有力量的行动是什么?

3. 做什么事、去哪里、和谁在一起，会帮助你移动到有肥沃土壤的地方?

修水管，还是换水管?

1. 什么是你已经挖很久的东西?这样东西对你来说一定很重要，说说让你坚持挖下去的那份努力与心意是什么?

2. 想一件你希望有新行为、新反应的事情，并且透过分享，觉察自己修水管与换水管的倾向为何?

3. 面对挫折时，你会选择反省、懊悔、抱怨，还是创造新的可能?想一件最近令你感到挫折的事情，分享你如何面对，并且从分享中试试看有没有可能产生新的眼光来面对。

我把自己放得太大或缩得太小?

1. 在什么角色及位置上，你会容易把自己放得太大？有想调整的地方吗？

2. 在什么角色及位置上，你会容易把自己缩得太小？有想调整的地方吗？

3. 有时候我们是大巨人，困在小小的空间里动弹不得；有时候我们是小矮人，在大大的空间里焦虑不已，与成员分享你在什么角色中曾有过类似的感觉。

并存练习：整合内在喜欢与不接纳的自己

1. 在你的成长环境中，你最容易在谁的面前说贴近内在的心底话？

2. 拿自身生活中常有的一个担心，两两一组练习并存句型，练习完后分享彼此的感受。

第二部分　从自己的故事里，长出自信来

为自己找到一个位置，找不到独特，就来创造美丽

1. 说一个被爱、被看见的正向经历。

2. 生活里有没有“被记得”的经历？说说这个经历带给你的美好。

3. 生活里有什么时刻，你曾经给出“记得别人”的好礼物呢？

4. 生活里如果有机会让自己的生命更丰富，你会想加点什么呢？

自信怎么来?

1. 你接受自己有哪些限制？

2. 做哪些事会使你越来越喜欢自己？

3. 在生活中有被滋养的经历吗？那是怎样的经历呢？

为自信播种与扎根，我可以为人生加入哪些新可能?

1. 今天或这几天什么时候有快乐?

2. 请伙伴们两两一组，访问对方：“今天的你做些什么，会让你更喜欢自己?”

3. 走在目前的道路上，你还想为自己的人生增加哪些新可能及选项?为了这个新可能，你愿意每天做点怎样的小改变及不同?

4. 你想要为你的人生多加一点什么?

被喜欢，所以可以好好长自己

1. 你喜欢欣赏的人，他的“看见自己”与“看见别人”的比例是多少?而你讨厌、不想靠近的人，他的“看见自己”与“看见别人”的比例又是多少?

2. 在照顾别人的需要与疼惜自己的内在之间，你是如何流动及进出呢?在“好人”及“好的自己”之间，你是怎么平衡的呢?

3. 在你生命中的这个时刻，自己的什么是会让身边的人真心喜欢的?

真实呈现自己时，还是可以被喜欢吗?

1. 想一想，你是报喜多一点，还是报忧多一点?你喜欢这样的自己吗?

2. 在你认识的人当中，谁是真实的呈现自己，而你还能真心的欣赏这个人?

3. 带团体时，带领人可以这样说：“看完最后一段文字后，邀请你闭上眼睛，好好听听心里头的声音，有时在不经意中他人的眼光、自己的要求，会把自己磨得‘不像人’。能真实地开心、快乐、担心、害怕，这样报喜也报忧‘才像人’!亲爱的朋友，邀请你闭上眼睛，听听看心里头那报喜也报忧‘像人’的自己正轻轻地说着的话，也可以拿笔记录下来……最后，邀请你跟信任的伙伴分享过程的感受或任何想说的，都好。”

适当的人际互动，找到滋养自信的好朋友

1. 将你的人际关系以“红橙黄绿”进行分类，分类完毕后想一想哪些朋友的位置是你想要变动的？

2. 说说那些城堡里红色的朋友，他们是怎么越过护城河的？

开启滋养自己的活水源头

1. 读完这篇文章，你最想和谁启动接触？又打算怎么做呢？

2. 和一个好想念的亲人或朋友启动接触，不要犹豫。

3. 这篇文章中哪一段文字最触动你？触动你的点又是什么呢？

第三部分 迎向真实世界的挑战

在生命的河流里，时时回到中心

1. 在生命的多格漫画里，你最常停留在什么位置上？你喜欢这样的停留吗？

2. 除了书里的方法之外，你最常用什么方法回到自己的内在，让自己更有力量的活着？请跟伙伴们分享这些好方法。

生命的精彩度 VS. 轻松度

1. 你生活的最高指导原则是什么？有没有需要修改的地方？

2. 最近三个月，有没有什么参与式休闲是你真的有机会成行的？

不论成败对错，我用心准备

1. 做哪些事情时，你很能享受“用心准备”的过程；面对哪些事情时，你很容易只重视“结果”；此时此刻，你最想在哪一件你重视的事情或关系里，练习用“时间分段”的概念，让用心准备与结果的心情在内在的世界里独立存在？

2. 请分享一个“用心准备”与“看美好结果揭晓”的幸福经历。

这一步，要怎么下才最漂亮?

1. 你用什么方式计量自己的努力、付出、幸福与喜悦呢？跟伙伴们分享你的好方法，让这些美丽也能在别人的生命里蔓延。

2. 在你生命的花园里有和煦的阳光与轻风，种子也正萌芽，此刻你最想送给这座花园什么礼物，让这片土地充满养分与祝福？

好不起来怎么办?

1. 文章提到“用行动代替思考”与“接触更深的自己”，是好不起来时可以陪伴自己的好方法，你曾经有这样的经历吗？

2. 在生活中，你常用什么方式中断自己的自动化思考循环？举一个生活中的例子来分享吧！

自由的花，开在自我要求的土壤上

1. 自由的基底是自律与负责，这些年来你是怎么对自己的人生负责，让自己好好长大的呢？

2. 接下来的生命里，你希望开出哪一种花朵？在生命的此刻你愿意开始为自己做哪些自我要求呢？

每个人都有两个自己

1. 说真的，你的两个杯子距离多远？

2. 你的心里存在着哪些“对啊（YES）……，但是（BUT）……”？看看有没有可能改成“是的（YES）我……，同时（AND）我……”。

第四部分　活出精彩的秘密武器

整个第四部分是完整的潜意识概念与例子，所以这个部分适合整章读完后再来分享与讨论。以下提纲将不另外针对单篇做讨论。

1. 请好朋友按照《清洗内在的宝石》手稿（见附录二），念给你听，陪你一段。

2. 想一想，对你而言梦境像什么呢？你跟梦的关系又是如何？

3. 说一说，最近半年让你印象特别深刻的梦是什么？

4. 如果用一种动物、物品、大自然现象来形容自己，你觉得最近的自己像什么呢？你喜欢这样的自己吗？喜欢哪里？

5. 五年后，十年后，你希望自己像什么？

6. 练习用以下两个步骤，用隐喻说说喜欢或坚持。

步骤一

三人一组，每个人轮流当主角。陪伴者一边倾听，一边搜集主角可爱与被喜欢的细节，例如：

“闭上眼睛，想一个你喜欢的人，他曾经告诉过你什么？他最欣赏你、喜欢你的地方又是什么？”

“有点讨厌你却仍然佩服你的人，他会怎么说这样的你？”

“闭上眼睛告诉我，你最好的朋友会在你的告别式上说些什么？他会怎么怀念你？他会怀念什么样的你？”

“生命里，什么阶段的你最光彩、最自由、最恣意挥洒？你会怎么形容那个时候的自己？”

步骤二

陪伴者邀请主角找隐喻。

“闭上眼睛，在心里看见这个样子的自己，看见自己的表情、模样，听见声音、身旁的声音、响应、说话的样子，有一份感觉从心里浮上来，对，对，这样的你，像什么呢？”

附录二

清洗内在的宝石

一转眼，我做隐喻治疗训练已经超过十五年了。训练用的隐喻讲义，多年来修改了不下四五十回，但有几个非常有力量的经典活动，仍然屹立不摇的存留下来，其中之一就是“清洗内在宝石”。这是个再简单不过的小活动，却有不少参加工作坊的成员在活动进行之后，惊讶地发现：诶！怎么心情在宝石清洗之后，有了不小的变化。有些人平静了下来，有些人感觉落了地，有些人发现跟自己更接近了。许多人问：“为什么会这样?”我总是这样回答：“因为我们依着内在的画面，而拥有活着的样貌。”

这个活动很简单，一开始我会请大家闭上眼睛，静静地看见内在的一颗宝石，然后用清水，或者干净的布，擦拭、清洗这块宝石。如果一开始你看见的宝石，上头盖着灰尘，那代表你的生活里，也蒙着尘土。当宝石没有清洗之前，我们就活在乌漆嘛黑的日子里；而清洗之后，宝石亮了起来，内在也跟着明亮，于是我们有了明亮的可能。这是一个“地图”（MAP）的概念，地图纷乱，我们会无助；地图清晰，我们就清明笃定，带着希望往前跨进。当有一天，你心里想安静的时候，可以搭配喜欢的音乐（简单的钢琴、吉他、大自然音乐都很好），找个好朋友，照着下面这段私房手稿，念给你听，陪你一小段。

闭上眼睛，让你的身体稍微坐直。邀请你把右手放到头顶，轻轻地……滑过你的脖子，接触自己的身体，非常好……用你的速度。我们只要触碰自己的身体，心就会安静下来……用你的速度，让你的另外一只手滑下来……非常好……如果有深呼吸要出来、想吐气，就把气吐出来，让它自然地发生，那会很好。看看身体还有哪里是绷紧的，摸摸那边，跟那边说，松开来……松开来……很好。

每个人的心里，都有一颗宝石。有些人的宝石比较大颗，有些人的比较小，你心里面的宝石长什么样子呢？我邀请你把眼镜拿下来，如果有手表，暂时放旁边，放在你会安心的位置。我们要一起来看心里面的宝石。也邀请你闭上眼睛，做两个深呼吸……很好。

如果你心里有一颗宝石，这颗宝石是什么材质呢？它有什么形状？说不定你好久没去看它了，所以刚开始的时候，它会远远的。邀请它到你的面前来，或者你在心里头朝它慢慢走去。于是在你的眼前，可以慢慢地出现这一颗属于自己心中的宝石。

用你的手，去感觉这颗宝石长什么样子。你的手真的会动起来，在你的……可能是胸口，或者……肚子的位置，或者眼前，用你的手比出宝石的样子。你的手真的会动起来，非常好……对……有些宝石用手可以握得住，有些宝石要用手捧起来，因为好大一颗；有些宝石小小的坐落在某个角落，要好细心才看得见。

接下来，用你右手食指的指尖，去接触它，轻轻地……摸起来感觉怎么样？硬硬的吗？还是软软的？是有弹性的吗？是有角度的吗？对……轻轻地碰它……非常好。你也可以歪着头看它，我们常常是真的好有兴趣看一个人的时候，才会歪着头。它有声音吗？轻轻地用食指敲它一下，轻轻地……有声音吗？会“叮”一声吗？如果有，那是什么声音？它有颜色吗？有几种颜色？当你用什么角度看过去的时候，它会拥

有什么样的颜色？它里面有颜色吗？外面有颜色吗？用你的方式接近它……靠近它……了解它……

我们心里的这颗宝石，有时候很清亮，有时候会被尘土给盖住，甚至有些时候会有一点脏脏的、不清楚、模糊，都有可能。接下来，我们要洗涤、要清洗喽！心里的宝石，常常一不小心就会沾上灰尘，把它原来漂亮的颜色给盖住了。在你的心里，可以有一道暖流、一道清流或一道水流。像从山上下来的清澈溪水一样，水流轻轻地冲刷着这颗心里的宝石；也可能像三月的雨，雨丝一滴一滴地滑落；可能像屋檐滑下来的水，慢慢地流过去；可能是你拿着一块布，亲手帮它擦拭……都可以。接下来的三十秒，是属于你的时间，用你的方法去清洗它，请开始……你的手真的会动，让水流发生，让清洗发生，让透明发生，让光线发生……

非常好……非常好……当你开始清洗它，你会看见不同的光景、看见宝石在变化。因为你正在滋养它，那是你自己；同时你也正在滋养你自己、温暖你自己、靠近你自己、拥有你自己……非常好。继续用不同的方法清洗宝石，有时它会变大，有时它会变小；有些时候它的颜色会变化，有些时候甚至你会看见它的质地不一样了，那都很好。

我们的内在，有些时候，我们用温柔来靠近它；有些时候，我们的内在，我们用愿意靠近它；有些时候，我们的内在，我们用好奇靠近它……都好……都很好。“清洗内在的宝石”是个可以隔一段时间就用来照顾自己的方法。请你只要有机会，就挑选一首喜欢的音乐，闭上眼睛做这件事。爱自己，永远不嫌多；照顾自己，也永远不嫌多，有机会就可以做一做。可以从年轻做到老；因而可以从老，变成年轻。

于是，生命依旧可以有光彩，即使生活活得辛苦；于是，宝石可以依然晶莹剔透，即使外面的世界尘土飞扬；别人可以决定外面的空气，你可以决定宝石的透明。

清洗完，把手放在心脏的部位，可以两只手都在心脏，也可以一只手在心脏，一只手在肚脐，都可以。找一个让你觉得最舒服的放置手的位置。在心里头想一个时间，多久以后你还会来探访它一次的时间，可以是一个礼拜、一个月或三个月，然后跟它说，“亲爱的宝石，我之后会再来看你，再好好地清洗你。谢谢你在这时候，来这里让我看见。”说完，谢谢心里的宝石，把手放下，回到这里。

试试看，短短的十五到二十分钟，宝石被好好地清洗了、透亮了，内在隐喻改变了，看待外面世界的地图也跟着变了。说不定，我们的生活也会跟着丰富精彩起来呢！

图书在版编目(CIP)数据

做自己,还是做罐头:勇敢挺自己的第一堂课/黄士钧著. —北京:北京师范大学出版社,2018.2(2025.7 重印)
ISBN 978-7-303-21901-8

Ⅰ.①做…　Ⅱ.①黄…　Ⅲ.①人生哲学—通俗读物
Ⅳ.①B821-49

中国版本图书馆 CIP 数据核字(2017)第 013673 号

北京市版权局著作权合同登记号:图字:01-2016-2120

ZUO ZIJI,HAISHI ZUO GUANTOU
出版发行:北京师范大学出版社 https://www.bnupg.com
北京市西城区新街口外大街 12-3 号
邮政编码:100088
印　　刷:北京盛通印刷股份有限公司
经　　销:全国新华书店
开　　本:890mm×1240mm　1/32
印　　张:6.25
插　　页:4
字　　数:118 千字
版　　次:2018 年 2 月第 1 版
印　　次:2025 年 7 月第 6 次印刷
定　　价:38.00 元

策划编辑:关雪菁　　责任编辑:关雪菁
美术编辑:李向昕　　装帧设计:李向昕
责任校对:陈　民　　责任印制:马　洁